PRODUCCIÓN MUSICAL PARA PRINCIPIANTES | EDICIÓN 2024+

Cómo Producir Música, Guía de Fácil Lectura para Productores Musicales, Artistas y Compositores

Tommy Swindali

TABLA DE CONTENIDO

Introducción 1

No es tan difícil como crees 3

¿Por qué deberías molestarte en seguir leyendo?................. 5

Capítulo 1: Cómo convertirte en productor musical de la era digital.. 9

Tener las habilidades y la mentalidad adecuadas 10

Prosperar a través de las redes 12

Conocer las herramientas adecuadas 15

Estaciones de trabajo de audio digital (DAW): Por qué deberías aprender estas herramientas de software 17

Elegir tu DAW y cómo adaptarte rápidamente a él........... 18

Comprender la configuración básica de una DAW 21

Navegación por la DAW: Habilidades básicas que debes aprender 26

Trabajar con tu DAW y sacarle el máximo partido 31

Utilizar complementos, actualizaciones y *plugins* 33

Capítulo 2: Conceptos básicos de la grabación casera......... 36

Comprender el sonido: Longitud de onda, frecuencia y amplitud.. 37

Métodos y técnicas de grabación 39

Comprender los preamplificadores y las interfaces de audio 53

Capítulo 3: MIDI e instrumentos virtuales............................ **57**

La evolución de MIDI a VSTI 58

Conceptos básicos de programación de la VSTI 61

VSTI categorizados que debes tener muy en cuenta.........63

Inteligencia Artificial: ¿El declive de la verdadera
música? 64

Utilizar los instrumentos virtuales en nuestro beneficio...67

Desventajas de los instrumentos virtuales 72

Capítulo 4: Arreglos y estructura.................................... **79**

Asegurar y preparar tus pistas...81

Organizar y etiquetar las pistas correctamente.................82

Etiquetar y codificar por colores 84

Trabajar con bucles y muestras..86

Crear singularidad y variedad: Utilizar el *Auto-Tune*
y la corrección de *Pitch* 89

Capítulo 5: Mezcla y masterización **93**

Pasos cruciales de la mezcla 95

Pautas de masterización 109

Consejos para pulir el sonido.. 115

Capítulo 6: Colaboración y promoción **120**

¿Cómo y dónde debes distribuir tu música?..................... 122

Elegir la plataforma y el distribuidor 123

Redes sociales y comunidades online: La nueva
frontera de la promoción musical 126

Comprender el aspecto empresarial de la producción
musical.. 138

Colaborar con otros músicos y productores..................... 149

Conclusión 157

Glosario 162

Referencias 166

Introducción

¿Por qué algunos álbumes logran superar la prueba del tiempo a lo largo de las décadas? ¿Cómo fueron producidos? ¿Qué dificultades enfrentaron esos músicos famosos antes de que sus éxitos resonaran en las ondas? Sin duda, estas son preguntas que te haces al escuchar las biografías de los artistas musicales que más admiras y respetas.

Al profundizar en sus historias, es probable que hayas descubierto que muchos de ellos comenzaron como músicos autodidactas. Después de innumerables intentos, tras pasar por múltiples pruebas y errores, finalmente alcanzaron la cima de la música popular.

Inspirado por su éxito, te has planteado probar suerte tú también, convencido de que tienes tanto talento como ellos. Si ellos lo lograron, ¿por qué tú no? Sin embargo, pronto te enfrentas a una realidad: existen «poderes superiores» que debes complacer. Se trata de personas ricas e influyentes, cuyo favor necesitas para que tu arte musical llegue a las masas.

Pero estas personas imponen estándares que, en muchas ocasiones, parecen imposibles de alcanzar. Como no deseas comprometer tu expresión artística solo para agradarles, has decidido tomar el control y hacer las cosas por tu cuenta. Así, has optado por invertir en equipo asequible, aprender a usar software de audio gratuito y confiar en que las habilidades necesarias para triunfar como músico llegarán a medida que perfeccionas tu oficio. Sin embargo, pronto surgieron una serie de obstáculos: procesos técnicos complejos, conceptos científicos que debes entender y todo tipo de ajustes virtuales y físicos que necesitas dominar. Además, te diste cuenta de que todos estos elementos deben estar en perfecto equilibrio para producir un resultado musical impresionante, que, con suerte, cautivará al público.

Como músico apasionado, esta carga puede parecer abrumadora. Afortunadamente, la solución está aquí, en tus manos… y la estás leyendo ahora mismo.

No es tan difícil como crees

Hace aproximadamente dos décadas, los artistas musicales no tenían prácticamente ninguna otra vía para alcanzar la fama masiva que no fuera grabar una maqueta, presentarla a una discográfica y esperar la aprobación de los altos mandos de la industria (AWAL, 2019). Si tenían la suerte de captar la atención de estos «poderes superiores», recibían el financiamiento necesario para grabar sus canciones en un estudio, trabajar con ingenieros de sonido para lograr un resultado impresionante y, finalmente, compilar sus temas en un álbum que la discográfica se encargaría de vender al público.

Este proceso, sin embargo, era tan laborioso que la mayoría de los aspirantes a artistas desistían antes de llegar a la meta. En aquella época, muchos esfuerzos musicales resultaban en *dar un paso adelante y dos pasos atrás*. Los aspectos técnicos, financieros y empresariales de la producción de un álbum eran tan abrumadores que muchos artistas decidían rendirse, reconociendo que no estaban hechos para enfrentar tal desafío.

No obstante, con el tiempo, comenzaron a surgir nuevas tecnologías de software para la grabación de sonido, que fueron rápidamente adoptadas por los entusiastas de la música. Tras varios años de desarrollo y perfeccionamiento de estas herramientas, llegamos al presente, en el que cualquiera con talento y determinación puede crear pistas de calidad de estudio ¡desde la comodidad de su dormitorio!

Eso sí, esto no implica que la producción musical casera sea completamente gratuita, a menos que ya dispongas de algunos equipos básicos. De todas formas, es necesario invertir en material de calidad porque, al fin y al cabo, lo que se busca es un resultado profesional.

Afortunadamente, el equipo necesario no tiene por qué ser extremadamente costoso. De hecho, con apenas unos pocos cientos de dólares, es posible montar un miniestudio en casa y producir una canción con un sonido tan profesional que a la gente le costará creer que fue grabada en ese entorno.

Conforme empieces a ver los frutos económicos de tu trabajo, es probable que te sientas tentado a invertir en equipos más sofisticados, ya sea para perfeccionar tu arte o simplemente para recompensarte con una mayor satisfacción personal. Esta es una etapa por la que han pasado todos los productores de éxito.

Es importante recordar, sin embargo, que en las primeras fases de tu camino, no es imprescindible contar con un presupuesto elevado. Mientras tu música sea lo suficientemente pegadiza y atractiva, a la audiencia no le importará cómo ni dónde fue grabada.

Al final, lo único que realmente les importa es el ritmo, la melodía y la emoción que les transmite. Los detalles técnicos y complejos pasan a un segundo plano una vez que tu sinfonía logra cautivarlos. A medida que avances en las siguientes lecciones, irás comprendiendo cuán cierto es esto.

¿Por qué deberías molestarte en seguir leyendo?

Con más de 24 títulos de libros en mi haber, he tenido el privilegio de actuar como DJ junto a reconocidos artistas del Reino Unido y de producir música para diversas entidades y eventos de alto nivel. Mi amplia experiencia como productor me ha permitido no solo alcanzar el éxito en el ámbito musical, sino también destacar como autor de *bestsellers*. Mis libros, ampliamente reseñados en Amazon, Kindle, Apple Books y en prácticamente todas las plataformas de publicación en línea, han sido recibidos con gran entusiasmo.

Además de mi carrera en la producción musical, también he publicado obras sobre teoría musical, dominio de instrumentos y otros aspectos fundamentales de lo que realmente ocurre detrás de la industria musical. Dado que mis libros de texto y audiolibros han sido muy bien acogidos, puedes estar seguro de que, a medida que avances en los próximos capítulos, te beneficiarás de mi sólida trayectoria y mi autoridad en la materia.

Sumergirte en los conocimientos técnicos y artísticos que te esperan te traerá grandes beneficios. Ya sea que seas un artista independiente buscando hacerte escuchar o un músico serio que aspira a ganarse la vida con su talento, este libro te guiará a través de los entresijos de la producción musical casera y te mostrará lo que se necesita para destacar. También exploraremos cómo colaborar con otras entidades para impulsar tu carrera musical en ascenso.

A lo largo del libro, también aprenderás cómo se lleva a cabo realmente la producción musical en la era digital, así como los procesos subyacentes que debes conocer. Gracias a la informatización, estos procesos se han simplificado hasta el punto de que es posible dominarlos sin necesidad de educación formal.

Las lecciones que encontrarás aquí te serán útiles sin importar si eres un intérprete solista, miembro de una gran banda o un DJ que utiliza tecnología digital para cautivar a las multitudes. Independientemente de tus metas o de tu estilo musical como productor, este libro tiene mucho Desde la grabación hasta los arreglos, pasando por la mezcla y masterización de tus pistas, exploraremos en detalle los complejos procesos de producción, siempre presentados de manera clara y sencilla. Esto garantizará que, como aspirante a artista o productor musical en busca de reconocimiento, encuentres las herramientas necesarias para alcanzar ese estatus profesional que tanto anhelas.

Si tu pasión por la música ha disminuido recientemente, este libro te ayudará a reencontrarte con tu primer amor. ¡Prepárate para sumergirte en las emocionantes dimensiones de la producción musical!

Capítulo 1:
Cómo convertirte en productor musical de la era digital

Te has embarcado en un fascinante viaje para aprender a producir música desde casa. Seguramente es lo único en lo que piensas y de lo que no dejas de hablar. Probablemente has pasado horas buscando en Google instrucciones sobre cómo hacerlo de manera efectiva. Pues bien, tu búsqueda ha llegado a su fin, ya que la respuesta está ahora en tus manos.

Es posible que te frustre proponer tus ideas musicales a los grandes productores discográficos, quienes, lo más probable, es que te rechacen o, en el mejor de los casos, ni siquiera tengan tiempo para escuchar tus creaciones. Sin embargo, sueñas con convertirte en tu propio artista, intérprete y promotor, dispuesto a poner todo su esfuerzo... y a cosechar todas las recompensas. Para alcanzar este estatus, debes ser capaz de grabar música en casa, editarla al instante y compartir tus creaciones con el mundo, sin depender de ningún magnate omnipresente.

Tu objetivo es ser un productor discográfico moderno, hecho a ti mismo, y tienes todo el derecho a perseguir este sueño. La buena noticia es que ¡puedes lograrlo! Sin embargo, al embarcarte en esta ambiciosa aventura, hay un proceso de preparación mental que deberás seguir, el cual incluye interiorizar las siguientes directrices.

Tener las habilidades y la mentalidad adecuadas

El éxito tiene un precio. Aunque puede que debas invertir algo de dinero, el costo más significativo será, sin duda, en términos de paciencia, trabajo duro y persistencia. A esto se suman las presiones y los fracasos que surgirán en el camino, los cuales se presentarán como obstáculos antes de que finalmente logres el éxito que tanto anhelas. En resumen, es esencial que cuentes con la mentalidad y las habilidades adecuadas para convertirte en un productor musical en la era digital.

Tener la mentalidad correcta implica ser capaz de aprender y reconocer ciertas realidades del negocio de la producción musical. Si aún no has comprendido que el éxito del que hablan los íconos de la música que idolatramos es solo la punta del iceberg, este es el momento de comenzar a asimilarlo.

Por otro lado, es indiscutible que el trabajo arduo es un componente clave para destacarte en esta industria que estás a punto de explorar. Por lo tanto, para ser claro, este es un viaje que no querrás emprender si la pereza y la procrastinación son rasgos comunes en ti.

Supongamos que ya has superado ese obstáculo. Ahora, es necesario que aceptes otra dura verdad en este campo: necesitas adquirir ciertas habilidades, especialmente en el aspecto técnico, para poder grabar, pulir y lanzar tu música al mundo, de modo que la gente pueda disfrutarla.

Esas habilidades pueden aprenderse de otros, pero la mayoría de ellas surgirán a partir de tus propios errores y fracasos. Incluso en el ámbito de la producción musical, el viejo dicho: «La experiencia es el mejor maestro» sigue siendo aplicable. Debes motivarte para el autoaprendizaje y poseer la disciplina necesaria para ello. Habrá innumerables momentos en los que no tendrás más apoyo que a ti mismo, así que prepárate también para enfrentar esa realidad.

Finalmente, es fundamental que aprendas a conectar con otras personas que han pasado por experiencias similares a las tuyas, y utilices su sabiduría a tu favor. Esta mentalidad es la más importante que debes cultivar, antes que cualquier otra cosa.

Prosperar a través de las redes

Como podrás imaginar, adentrarse en el mundo de la producción musical no se limita únicamente a grabar audio y finalizar tu obra para el público. Aunque esta es una parte fundamental del proceso, existe una consideración mucho más amplia: la distribución adecuada de tu música a través de las plataformas correctas, para garantizar que llegue a las personas.

Aunque puede que no sea la parte más atractiva, es crucial aceptar que la producción musical también tiene un componente empresarial (Pastukhov, 2019). Este aspecto es esencial para mantener tu carrera en marcha y permitirte generar ingresos de manera efectiva. Es comprensible que la pasión sea la razón principal que te impulsa a emprender este viaje, pero concentrarse exclusivamente en ella no es un enfoque realista. Debes reconocer que hay otros factores que también juegan un papel fundamental en tu éxito.

Entre esos factores se encuentra la necesidad de conectar con otras personas que compartan tus intereses, aprender a colaborar con ellas y descubrir cómo ejecutar estrategias para alcanzar tus objetivos. Sería ideal pensar que todo se desarrollará de acuerdo con tus preferencias personales. Sin embargo, la realidad es que las cosas no siempre suceden así.

De hecho, tendrás que satisfacer las expectativas de otros y cumplir con ciertos requerimientos empresariales. Este ciclo es algo que enfrentarás en cada proyecto musical en el que te involucres. Tus tareas no siempre estarán alineadas con tus gustos y deseos, ya que otros participantes pueden tener estilos y preferencias artísticas distintas a las tuyas.

Dado que esta realidad es ineludible, es necesario que te destaques en el ámbito del *networking*, tanto en el mundo físico como en el virtual. Hoy en día, la dimensión virtual crece exponencialmente, volviéndose más accesible con cada minuto que pasa. Debes aprovechar este entorno para establecer conexiones, colaborar y ofrecer tus servicios.

Una de las grandes ventajas de la era digital es que no necesitas conocer personalmente a todos tus colaboradores. En muchas ocasiones, tus interacciones serán a través de llamadas telefónicas, videollamadas o incluso correos electrónicos.

Independientemente del medio que elijas para comunicarte con tus colegas de la industria, algo es seguro: la comunicación es clave. Sin un intercambio claro de mensajes, los proyectos no avanzarían, los pagos no se realizarían y tu negocio no prosperaría. Por lo tanto, es fundamental aceptar e interiorizar el hecho de que, como productor musical en la era digital, este aspecto es tan importante como escribir y perfeccionar tu música, la verdadera pasión que te motiva.

Conocer las herramientas adecuadas

Al igual que un pintor que sabe exactamente qué tipo de pincel y pintura utilizar mientras trabaja en un lienzo, un aspirante a productor musical, como tú, también debe conocer las mejores herramientas del oficio para poder utilizarlas eficazmente. Afortunadamente, existe una gran cantidad de estas herramientas disponibles en Internet, al alcance de cualquiera que esté dispuesto a buscarlas.

Como principiante, es esencial que dediques gran parte de tu tiempo a leer innumerables foros, revisar blogs o escuchar debates sobre el tema. Este proceso implica un profundo compromiso emocional y mental, ya que, sin duda, te enfrentarás a un ciclo constante de prueba y error.

Es en este punto donde tu paciencia será puesta a prueba por primera vez: deberás aprender cómo una herramienta supera a otra, o si esos productores musicales experimentados tienen razón cuando afirman que esta o aquella herramienta es lo mejor que la industria tiene para ofrecer.

Por si fuera poco, muchos de estos autoproclamados expertos pueden mostrar un cierto nivel de «arrogancia y prepotencia», lo que puede dificultar tu aprendizaje. Por lo tanto, como se mencionó anteriormente, necesitarás mucha paciencia para no desanimarte. Para adquirir los conocimientos necesarios para seleccionar y utilizar las herramientas adecuadas, es crucial que hagas una lista exhaustiva de tus opciones, las clasifiques, y elimines aquellas que no se ajusten a tus necesidades. Una vez completada esta tarea, deberás comenzar a familiarizarte con su uso de inmediato.

En su mayoría, estas herramientas serán de software, por lo que podemos suponer que ya tienes alguna experiencia manipulando interfaces digitales. Si no es así, te convendría empezar a escuchar debates en línea sobre estos temas lo antes posible.

Además de las herramientas digitales, también necesitarás ciertos equipos físicos. Sin embargo, no es necesario que te preocupes por hacer grandes gastos, ya que en la era digital actual, incluso los dispositivos electrónicos más caros están disponibles en una gran variedad de marcas y modelos. Si investigas a fondo, descubrirás que muchos de estos equipos se venden a precios sorprendentemente accesibles.

Estaciones de trabajo de audio digital (DAW): Por qué deberías aprender estas herramientas de software

En el mundo actual, tan modernizado, es casi imposible encontrar un lugar de trabajo que no dependa de sistemas informáticos. En particular, los estudios de grabación no son la excepción. La tecnología es esencial para capturar sonidos, corregir errores y adaptar las producciones a los gustos y preferencias del público. Por donde quiera que mires, la informatización está presente, y sin su apoyo, alcanzar la precisión y perfección que buscamos como seres humanos imperfectos sería prácticamente inalcanzable.

Dicho esto, es fundamental aceptar que mejorar tus conocimientos informáticos y tus habilidades en el manejo de interfaces de software será una necesidad. Si aspiras a ser un productor musical competente o incluso un músico independiente que publica sus creaciones de manera autónoma, un ordenador será una herramienta indispensable en tu camino.

Así, para comenzar oficialmente tu viaje en cualquiera de estas dos rutas, que están íntimamente relacionadas, deberás tomar una decisión crucial: elegir la DAW (Digital Audio Workstation) adecuada. Esta herramienta de software te permitirá grabar voces e instrumentos que, con el tiempo, podrían convertirse en esa canción de éxito que sueñas que te catapulte al estrellato. Escoger la DAW correcto es un proceso meticuloso (Huff, 2021) y debe serlo, ya que el estado de ánimo con el que grabes y arregles tu música dependerá en gran medida de esta elección.

Elegir tu DAW y cómo adaptarte rápidamente a él

Seleccionar la herramienta de software adecuada para tu producción musical puede parecer tan difícil como encontrar una aguja en un pajar, ya que existe una cantidad abrumadora de opciones disponibles.

En este sentido, podemos culpar o agradecer a Internet por la gran variedad que nos ofrece; sin embargo, es más constructivo reconocer las ventajas que la red nos brinda. Entonces, ¿cómo deberías elegir tu DAW? O mejor aún, ¿cuál es la opción más recomendada por los expertos?

Es importante destacar que no existe una respuesta definitiva que se considere correcta o incorrecta. Las preguntas más relevantes en este proceso deberían ser: ¿Responde esa DAW a tus necesidades de producción musical de la manera más efectiva? ¿Es la interfaz lo suficientemente intuitiva para un principiante como tú? Además, ¿es posible importar tus proyectos musicales a otro software similar sin problemas?

A medida que busques respuestas a estas preguntas, es probable que surjan nuevas interrogantes, lo que podría complicar aún más la decisión. Para simplificar el proceso, podemos dividir las opciones en dos categorías: software gratuito y software de pago.

Las mejores aplicaciones DAW gratuitas son:

- Audacity: conocida por ser ligera y fácil de usar.
- MixPad: ofrece una edición sencilla mediante arrastrar y soltar.

- Ocenaudio: permite editar audio rápidamente sin consumir demasiada memoria del ordenador.
- GarageBand: facilita una edición de audio de nivel profesional de manera ágil.
- Tenacity: el competidor más cercano de Audacity, ideal para principiantes.

Si te resulta engorroso comprobar cada una de estas opciones, te recomendamos elegir Audacity sin dudarlo. Muchos expertos lo avalan debido a su sencillez y facilidad de uso (Lendino, 2022). Sin embargo, es importante tener en cuenta que, a menudo, las aplicaciones gratuitas carecen de la versatilidad y destreza de edición que pueden ofrecer sus contrapartes de pago.

Entre las DAW más recomendadas y utilizadas por los profesionales, se encuentran:

- Ableton Live: ideal para DJs e intérpretes de música digital en directo.
- FL Studio: perfecto para mezclas de música que incluyen vídeos.
- Apple Logic Pro: el mejor para combinar música con sonido natural.

- PreSonus Studio One: adecuado para actuaciones en directo y tareas típicas de mezcla.
- Steinberg Cubase: conocido por su editor MIDI rápido y muy fácil de usar.

Si deseas desatar todo tu potencial en la producción musical de una forma inigualable, sin duda deberías explorar las DAW que utilizan los expertos en la materia o aquellas clasificadas como «estándares del sector» (Rogerson, 2023). Dado que los expertos tienden a enfatizar las virtudes de una herramienta de software sobre otra, la opción más segura para un principiante sería comenzar con las herramientas de software libre mencionadas anteriormente. Después de pasar un tiempo trabajando con ellas, podrás identificar fácilmente cuál de las opciones de pago se adapta mejor a tus necesidades de grabación.

Comprender la configuración básica de una DAW

El proceso de navegar por la red en busca de esa DAW ideal es muy laborioso; no cabe duda. Por eso, una forma simplificada de comprender la «anatomía estándar» básica de una DAW típica es algo que tienes que conseguir con todo derecho.

Aunque las DAW se perciben básicamente como de naturaleza puramente orientada al software, una DAW en el contexto de la producción musical consta en realidad de 3 componentes básicos:

- Una interfaz de audio: donde conectarás tu micrófono o instrumento musical.
- Un ordenador: un ordenador de sobremesa o portátil donde conectarás tu interfaz de audio.
- Un software de edición de audio: los programas enumerados anteriormente: Audacity, FL Studio, MixPad, etc.

No debería ser necesaria una larga explicación sobre el tipo de ordenador que debes utilizar para la producción musical. En esencia, cualquier ordenador de funcionamiento estándar será suficiente para alojar el software necesario, almacenar los datos grabados y mezclar tus pistas, que eventualmente se convertirán en las canciones que componen tus álbumes.

Sin embargo, para ser más formal, exploremos las especificaciones típicas que constituyen un ordenador ideal para trabajar en tu música junto con tu DAW. A continuación, se presenta una lista de las especificaciones mínimas recomendadas:

- Memoria: 8 GB de RAM

- Almacenamiento: 500 GB de espacio en disco duro
- CPU: 3,50 GHz

Ocho gigabytes de RAM (Memoria de Acceso Aleatorio) son el estándar actual para los ordenadores de sobremesa y portátiles de gama media. Asimismo, una velocidad de tres gigahercios o más para la CPU (Unidad Central de Procesamiento) es bastante común entre los modelos más recientes. Estas dos especificaciones son, en gran medida, los factores principales que afectan la velocidad de un ordenador, determinando tanto la rapidez con que carga los programas como la eficiencia en la realización de tareas generales (Christian, 2022). En cuanto a los 500 gigabytes de espacio en el disco duro, se refieren al almacenamiento disponible para tus archivos de sonido.

Dado que el procesamiento de audio no consume tantos recursos como el procesamiento de vídeo, adquirir cualquier ordenador estándar disponible en el mercado actual satisfará perfectamente tus necesidades de grabación. De hecho, incluso ese viejo portátil que compraste hace varios años podría permitirte instalar algunas DAWs de gama alta que la mayoría de los profesionales utilizan hoy en día.

Para almacenar tus grabaciones de sonido, quizás desees invertir en un disco duro externo, que es, técnicamente, un dispositivo de almacenamiento adicional que puedes conectar a un puerto USB. Esto te ayudará a establecer una rutina de copias de seguridad ocasionales. Cabe mencionar que mezclar y ecualizar puede ser un proceso extenso y laborioso; por lo tanto, es muy recomendable que guardes y hagas copias de seguridad de tus proyectos mezclados de la manera adecuada, en caso de que surja algún problema con tu sistema informático o si tu DAW se vuelve inaccesible debido a fallos.

Algunos productores musicales prefieren trabajar con monitores de gran tamaño, considerándolos esenciales. Sin embargo, en el ámbito de la producción de sonido, podemos afirmar sin temor a equivocarnos que las pantallas grandes son complementos innecesarios. En cambio, para el componente de audio de tu sistema, un buen par de altavoces de gama alta es imprescindible, y lo mejor es que no requieren un gran presupuesto.

Además, es esencial contar con unos buenos auriculares, que son bastante asequibles. Estos deben estar presentes junto a tus altavoces, ya que te permitirán diferenciar y apreciar cuidadosamente los distintos niveles de sonido y frecuencia. Durante el proceso de arreglar y mezclar tus pistas, habrá momentos en los que necesitarás escuchar desde altavoces grandes a un volumen elevado. Sin embargo, también habrá ocasiones especiales en las que querrás disfrutar de tus pistas en dispositivos más pequeños e íntimos, como los auriculares.

Abordaremos este tema con más detalle en los próximos capítulos.

Navegación por la DAW: Habilidades básicas que debes aprender

Ya hemos establecido que existen muchas DAW entre las cuales elegir. Aunque cada una ofrece funciones y diseños de interfaz diferentes, el marco general desde el cual se manipulan es básicamente el mismo. Esto es una excelente noticia para quienes temen que trabajar con una DAW implique enfrentar dificultades extremas al tratar de dominar su uso.

Dado que las funcionalidades de la mayoría de las DAW son muy similares, es sensato desarrollar una especie de *«modo generalizado de manipulación de DAW»*. Para entender fácilmente cómo funciona la herramienta de software de audio que hayas elegido, o cómo manejar cualquier otra DAW con la que te enfrentes en el futuro, es crucial que interiorices en tu mente los siguientes elementos comunes que componen la interfaz estándar de una DAW:

Barra de menús

Contiene todos los comandos, funciones y características de tu DAW. Como en la mayoría de los programas con los que ya estás familiarizado, aparece como una barra horizontal con los conocidos menús «Archivo, Editar, Ver, etc.». Aunque no todas las DAW están organizadas de la misma manera, es muy probable que cuenten con una barra de menús ubicada en la parte superior de la pantalla. Su apariencia es similar a los menús de cualquier otra aplicación de software.

Barra de transporte

Este elemento es fácil de reconocer porque incluye los clásicos botones de «Reproducir, Pausa, Parar, Grabar», que suelen estar presentes en todos los dispositivos de reproducción. Funcionan exactamente igual que los botones a los que estás acostumbrado cuando escuchas tus álbumes favoritos en casete, CD o cualquier reproductor conocido.

Barra de herramientas

En este apartado, puedes seleccionar diversas herramientas, como cortar, pegar y hacer zoom. Otros ajustes predeterminados incluyen el control del volumen, el desplazamiento temporal y la inserción de pistas. Los iconos y las funciones pueden variar según la DAW que utilices, pero lo más probable es que las funciones mencionadas estén presentes de una u otra forma.

Medidor de grabación

Se refiere a la sección de la DAW que muestra una barra de color verde o rojo brillante. Si el color verde es predominante, significa que tu nivel de audio es adecuado. Si comienza a tornarse naranja, indica que el audio está cerca de distorsionarse. Es importante ajustar el volumen antes de que llegue al rojo, ya que esto indica recorte, lo que afectaría la calidad de la grabación.

Medidor de reproducción

Generalmente situado junto al medidor de grabación, este indica el nivel de volumen de las pistas que estás reproduciendo mientras mezclas. Los colores verde y rojo también son indicadores aquí, pero, a diferencia del medidor de grabación, los niveles de reproducción no afectan la calidad de la salida final de tus pistas.

Controles del mezclador

Usualmente se identifican por iconos de micrófono y altavoz, y sirven para ajustar tanto el nivel de grabación de tu dispositivo (micrófono o instrumento) como el volumen de reproducción. Estos controles están directamente relacionados con los medidores de grabación y reproducción mencionados anteriormente.

Barra de dispositivos

Desde esta barra, puedes seleccionar los dispositivos de grabación, como un micrófono o un instrumento conectado a tu interfaz de audio. Estos dispositivos suelen aparecer en una lista desplegable, lo que te permite elegir el que será la fuente de grabación. Asimismo, desde aquí puedes escoger el dispositivo de reproducción, como altavoces o auriculares.

Barra de línea de tiempo

Este es el espacio donde puedes visualizar la velocidad de reproducción de las pistas que estás mezclando. Al hacer zoom sobre las pistas, verás cómo la línea de tiempo se ajusta, mostrando la duración de las pistas en minutos, segundos o milisegundos.

Ventana de onda

Convencionalmente llamada *«formas de onda»*, este es el espacio de trabajo principal de cualquier DAW. Se asemeja al documento de texto de un procesador de textos. Aquí puedes observar la representación gráfica de tus pistas; las secciones más fuertes aparecen como ondas grandes, mientras que las grabadas a menor volumen se muestran como ondas más pequeñas.

Panel de control de pista

Normalmente situado a la izquierda de la ventana de onda, este panel te permite ajustar los niveles de volumen de los canales izquierdo y derecho de cada pista. Además, puedes decidir si quieres fusionar pistas mono en estéreo. Algunas DAW avanzadas incluyen aquí herramientas adicionales, como ecualización, efectos de sonido y otras opciones para refinar tus pistas.

En resumen, independientemente de la DAW que elijas, es probable que todas estas funciones estén presentes en tu interfaz. Si aprendes a navegar entre ellas y entiendes su funcionamiento, estarás en condiciones de cambiar de una DAW a otra sin mayores complicaciones.

Trabajar con tu DAW y sacarle el máximo partido

Lo siguiente que debes tener claro es qué harás específicamente con la DAW que elijas. Como mencionamos anteriormente, tu DAW será la herramienta principal para grabar las partes vocales e instrumentales de tus canciones. En consecuencia, la mayor parte del tiempo estarás interactuando con el área de trabajo de programas como Audacity, FL Studio o cualquier otro similar.

El proceso de trabajo con tu DAW puede dividirse en cuatro pasos clave:

- Importar/grabar pistas: hacerlas visibles y listas para su edición y mezcla.
- Editar/mezclar: modificar y mejorar las pistas, haciéndolas más limpias y agradables de escuchar.
- Masterización: ajustar las frecuencias de cada pista para que cumplan con los estándares de la industria.
- Exportar: finalizar el proyecto de audio, dejándolo listo para su publicación.

Independientemente de la DAW que utilices, tus tareas probablemente girarán en torno a estos cuatro pasos. Importar y exportar no requieren una explicación detallada, ya que la mayor parte del trabajo será realizado automáticamente por tu ordenador, excepto por la asignación de nombres y carpetas de almacenamiento para tus archivos. Sin embargo, la mezcla y la masterización son procedimientos más complejos, que explicaremos a fondo en los próximos capítulos.

Cuando presiones el botón de grabación, observarás cómo las formas de onda se expanden o contraen según la intensidad del sonido. Luego, utilizarás las herramientas del menú de tu DAW para realizar las ediciones necesarias y conseguir que las pistas grabadas suenen exactamente como deseas.

Además de grabar pistas, también será necesario importarlas. Este proceso es bastante sencillo: simplemente arrastrarás los archivos seleccionados y los soltarás en tu espacio de trabajo. La DAW mostrará automáticamente las formas de onda, permitiéndote editarlas de inmediato.

La importación puede tardar un poco, dependiendo del tamaño y la cantidad de pistas. Afortunadamente, los tipos de archivo no suelen suponer un problema, ya que la mayoría de las DAW son compatibles con formatos estándar como FLAC, ACC, MP4A, MP3 y WAV.

WAV es el estándar de la industria y el formato de archivo de sonido más utilizado, por lo que deberías darle prioridad sobre cualquier otro formato. No obstante, esto no significa que los demás formatos mencionados anteriormente carezcan de calidad. La principal ventaja de utilizar WAV es que conserva todas las frecuencias originales de un sonido grabado. Esto garantiza que, durante la compresión o cualquier otra tarea de procesamiento de audio, las propiedades que hacen que tu sonido sea auténtico se mantendrán intactas (Adobe, 2023).

Por razones de comodidad y, sobre todo, para preservar una alta fidelidad, es recomendable optar por el formato WAV para almacenar tus archivos de sonido. Esto no solo facilitará el trabajo a otros colaboradores en tus proyectos de audio, sino que también te permitirá trabajar con mayor eficacia cuando colabores con artistas que te contraten para mejorar la música grabada en otros estudios.

Utilizar complementos, actualizaciones y *plugins*

La DAW que elijas viene equipada con una amplia gama de funciones y complementos diseñados para hacer tu trabajo más eficiente. Por lo tanto, es fundamental que dediques tiempo a explorarlos, ya que su uso te permitirá lograr resultados sonoros más pulidos y únicos. Por ejemplo, al mezclar voces, es posible que tu DAW ya incluya preajustes de ecualización que puedes aplicar con un solo clic.

Estos preajustes pueden agilizar tu trabajo, ya que son configuraciones elaboradas por ingenieros de sonido profesionales. Generalmente, al aplicarlos a tus proyectos, obtendrás resultados aceptables. Sin embargo, en caso de que el sonido no sea exactamente lo que esperabas, puedes realizar pequeños ajustes manuales para adaptarlo a tus necesidades.

Al principio, puede que este proceso te tome algo de tiempo, ya que, como novato, tus oídos no estarán entrenados para captar las diferencias de sonido y frecuencia en los primeros intentos. En este sentido, la paciencia será una habilidad que tendrás que desarrollar durante esta fase.

De vez en cuando, el fabricante de tu software DAW te enviará notificaciones sobre las últimas actualizaciones, las cuales debes considerar para mantener tu software al día y maximizar su rendimiento. A menudo, estas actualizaciones pueden incluir correcciones de errores, nuevos *plugins* o funciones adicionales que podrían ser de utilidad. Aunque, en algunos casos, podrían ser simplemente estrategias de marketing que resulten algo molestas. Por eso, la opción más sensata es descargar dichas actualizaciones cada tres meses, aproximadamente. Cualquier actualización más frecuente probablemente no generará una gran diferencia en la versión actual de tu DAW.

Finalmente, es importante destacar que las DAW mejoran año tras año, haciéndose más fáciles de usar con el tiempo. Esto es una excelente noticia para nosotros, ya que solo necesitamos adquirir conocimientos básicos sobre manipulación de software para acceder a las mejores DAW del mercado.

Capítulo 2: Conceptos básicos de la grabación casera

Basándonos en lo que hemos abordado hasta ahora, ya debería estar claro que, como productor musical o artista independiente, lo que harás principalmente será grabar, arreglar y mezclar. Llegados a este punto, vamos a comprender los aspectos básicos de la grabación de instrumentos y voces, los dos componentes principales que componen la mayoría de las canciones. Tanto si grabas una canción acústica o acompañada de piano, como si requieres una banda completa, generalmente habrá dos sesiones principales en el proceso de grabación de cada canción: la grabación de instrumentos y la grabación vocal.

Si eres un productor musical principiante que se toma muy en serio su recién descubierta carrera, debes comprender que el proceso que vamos a comentar no consiste simplemente en acercar la boca de alguien al micrófono y darle al botón de grabar. Tampoco se trata simplemente de enchufar una guitarra y dejar que algunos mandos y botones hagan el trabajo por ti. Hay una ciencia detrás de cómo se hacen las cosas en este ámbito. Pero gracias a la tecnología del software, no es tan complejo como podrías haber pensado.

Comprender el sonido: Longitud de onda, frecuencia y amplitud

Entrar en el proceso de grabación propiamente dicho sin comprender los principios básicos del sonido no es prudente, así que vamos a hablar un poco de ellos en esta sección. Si lo ilustramos gráficamente, podríamos imaginar el sonido viajando en forma de montañas y zanjas, así que, hablando básicamente, lo mejor sería describir el sonido como una serie de ondas.

Comprender cómo viaja el sonido puede hacerse observando un altavoz. Cuando escuchas música a través de él, puedes ver que se mueve hacia arriba y hacia abajo a distintas velocidades. A medida que el altavoz se mueve, las moléculas de aire son empujadas hacia fuera desde él en impulsos rápidos. Luego viajarán hasta nuestros oídos, donde serán interpretadas como sonido por nuestro cerebro.

Para que un determinado flujo de impulsos se perciba realmente como sonido, deben producirse muchas veces por segundo, o no se oirán en absoluto. Esto significa que, para que se oiga un determinado tipo de sonido, tiene que alcanzar un determinado nivel de frecuencia para ser percibido.

Se sabe que el oído humano sólo capta las frecuencias comprendidas entre 20 Hz y 20.000 Hz. Todo lo que esté por debajo de 20 Hz es subsónico, mientras que todo lo que esté por encima de 20.000 Hz es supersónico. Lo que esto implica es que cualquier cosa superior o inferior a estas frecuencias serían sonidos que ningún ser humano oirá jamás (Servicio de Parques Nacionales, 2018).

Puesto que el sonido viaja en ondas, también es importante comprender lo vital que es la longitud de onda para la grabación del sonido. Una longitud de onda más larga indica menos pulsaciones, lo que significa que se capta un tono más bajo. A la inversa, una longitud de onda más corta indica más pulsos, lo que significa que se obtiene un tono más alto.

Las longitudes de onda también tienen ondas transversales, que se denominan altura de las ondas sonoras. Visto gráficamente en tu DAW, puedes deducir que la longitud de las ondas transversales determina la amplitud o volumen de un sonido agudo o grave.

A medida que realices tus sesiones de grabación, la longitud de onda, la frecuencia y la amplitud son elementos sonoros con los que tratarás todo el tiempo, independientemente de si grabas voces o instrumentos. Puede que esto te parezca demasiado abrumador, pero deberías encontrar un gran consuelo en la noción de que si puedes entender bastante bien cómo funciona tu DAW, la intrincada ciencia que hay detrás del sonido se reducirá a un nivel que tú y yo podamos comprender fácilmente.

Métodos y técnicas de grabación

A estas alturas, se supone que ya has aprendido cómo funciona la DAW que has elegido y cómo orientarte en ella cada vez que se produce una sesión de grabación. Cuando empieces a captar melodías de tus cuerdas vocales o de las de otros cantantes, y cuando grabes las melodías y vibraciones de los instrumentos que hayas elegido, deberás aplicar las técnicas y métodos siguientes.

Insonorización (o al menos disponer de lo más parecido)

Las mejores grabaciones musicales son nítidas, limpias e impecables: estos son los principales adjetivos que deberían describir el resultado de tu producción musical. Aunque es natural que las voces y los instrumentos grabados en bruto no suenen muy bien inicialmente, pulirlos hasta la perfección es muy difícil (si no imposible) si se graban con muchos ruidos no deseados de fondo.

A menos que el proyecto de audio en el que estés trabajando requiera de un determinado tipo de elemento sonoro, tu micrófono o dispositivo de grabación nunca debe captar nada más aparte de la voz del cantante o el sonido puro y duro del instrumento que estés grabando. Esta es la razón por la que los estudios de música están insonorizados: están diseñados para grabar todos los elementos sonoros de la forma más limpia y pura posible.

Así que la pregunta es, ¿realmente necesitas una sala totalmente insonorizada? Como productor musical principiante, no, al menos de momento. En lugar de construir una costosa sala con paredes de aislamiento grueso, puedes plantearte construir una cabina vocal. Parece una cabina telefónica o una cámara lo bastante grande para que quepa un cantante humano. La mayoría de las cabinas vocales pueden construirse con materiales que cuestan aproximadamente entre $600 y $800 (McAllister, 2021).

Si te parece un gasto excesivo, puedes utilizar en su lugar una cámara de aislamiento vocal. Funciona como un difusor vocal mientras cantas o hablas a través del micrófono. Tiene casi el triple de tamaño que una caja de zapatos normal y está forrada con un acolchado difusor de sonido en sus paredes, que impide que tu micrófono capte la reverberación no deseada de las paredes de tu sala de sesiones.

Otra ventaja que ofrece es que también filtra en cierta medida el ruido que hay detrás de tu micrófono. Siempre que no haya fuentes directas de ruido extremo detrás del cantante, una cámara de aislamiento vocal hace maravillas para la mayoría de los músicos aficionados que no pueden permitirse construir una sala insonorizada.

Por supuesto, una cámara de aislamiento vocal no siempre conduce a una grabación totalmente silenciosa. Sin embargo, puede dar lugar a grabaciones nítidas dentro de las habitaciones adecuadas durante los momentos adecuados del día. Hay momentos en que tu vecindario o tu propia casa no son demasiado ruidosos, y debes encontrar la forma de aprovecharlo.

Si has recorrido blogs y vídeos de música por todo Internet, puede que ya te hayas enterado de que hay un montón de *músicos de baño* por ahí. Si no te has topado con ellos, te diremos que se les llama así porque han grabado muchas partes de su música en un cuarto de baño.

Obviamente, lo más probable es que el cuarto de baño sea la habitación más pequeña con la ventana más pequeña de tu casa. Sin embargo, la reverberación natural de la mayoría de los cuartos de baño es totalmente inadecuada para hacer una grabación limpia. En cambio, grabar dentro de un armario puede funcionar muy bien, ya que la ropa actúa como insonorización natural. Quizá quieras plantearte hacer esto también.

Sea lo que sea lo que te funcione, o si tienes otras instalaciones en casa donde puedas colocar cómodamente tu cámara de aislamiento vocal, deberías utilizarlas. El objetivo de utilizar una cámara de aislamiento vocal es disminuir el ruido de fondo hasta un nivel en que sea casi imperceptible durante el proceso de grabación.

Puede que siga habiendo algunos ruiditos, pero la DAW que hayas elegido puede hacer su magia y eliminar esos elementos sonoros no deseados, que es algo de lo que hablaremos en las próximas páginas. Un sabio productor musical novato sabe cómo utilizar los recursos y los mejores momentos para hacer música, y tú no deberías pensar de forma muy diferente en este asunto.

Aprende la colocación adecuada de los micrófonos (y cómo elegir los correctos)

Pero, ¿qué sucede con la grabación de instrumentos? ¿Son útiles para eso las cámaras de aislamiento vocal? Lamentablemente, en la mayoría de los casos, no lo son. Sin embargo, esto tiene solución, y está directamente relacionado con el tipo de micrófono que elijas.

En la mayoría de los estudios alrededor del mundo, se emplean básicamente dos tipos de micrófonos: el dinámico y el de condensador. En primer lugar, un micrófono dinámico es ideal para grabar instrumentos acústicos como guitarras, pianos o cualquier otro que no esté conectado, como la percusión. Al colocarlo frente a la guitarra, este micrófono captura su sonido particular sin interferencias de ruidos de fondo.

Por otro lado, los micrófonos dinámicos también son perfectos para grabar voces en grupo, ya que están diseñados para captar únicamente la voz del cantante o de un instrumento cercano. Es importante destacar que, al cantar con un micrófono dinámico, tu boca no debe estar más de 15 cm del micrófono para lograr una captación óptima de tu voz.

Si lo que buscas es que tu voz suene lo más natural posible, entonces debes utilizar un micrófono de condensador. Los ingenieros de sonido lo consideran «más honesto» que cualquier otro tipo de micrófono, ya que captura con precisión las inflexiones naturales que producen tus labios, lengua y demás partes del cuerpo involucradas en el canto.

No obstante, el inconveniente de los micrófonos de condensador es que también capturan sonidos lejanos; incluso algo tan distante como un perro ladrando a varias manzanas podría colarse en tu grabación. Por esta razón, es fundamental que apliques correctamente las lecciones sobre insonorización que aprendiste previamente.

En la mayoría de los estudios, tanto caseros como profesionales, se prefiere el uso de micrófonos de condensador para grabar voces, en comparación con los dinámicos. En resumen, los micrófonos dinámicos son más adecuados para instrumentos, mientras que los de condensador son perfectos para voces. Sin embargo, esto no significa que nunca puedas usar micrófonos dinámicos para grabar voces. Si sientes que se adaptan mejor a tus necesidades, no hay razón para que alguien te diga que un tipo de micrófono es superior al otro.

Al utilizar cualquiera de estos micrófonos, es crucial aplicar las técnicas adecuadas para obtener la mejor grabación vocal posible. Como se mencionó anteriormente, con los micrófonos dinámicos debes estar lo suficientemente cerca para que tu voz sea clara y nítida. La distancia es un factor crítico, por lo que no debes situarte demasiado lejos.

En contraste, con un micrófono de condensador, puedes estar a varios metros o a solo unos centímetros de distancia, dependiendo del estilo de canto o del tipo de sonido que desees lograr. Sin embargo, cantar muy cerca de un micrófono de condensador puede provocar la captación de sonidos indeseados, especialmente en palabras que comienzan con «B» y «P».

Para solucionar este problema, se recomienda colocar un filtro *antipop* entre tu boca y el micrófono. Este dispositivo es simplemente un anillo de plástico con una malla de tela, generalmente de nailon, que filtra el aire que expulsas al cantar, mejorando así la calidad de las inflexiones vocales.

Otra técnica que podrías considerar es posicionar el micrófono a la altura de los ojos. Esto te obligaría a inclinar ligeramente la cabeza hacia arriba, lo que puede generar más potencia vocal. No obstante, este es solo un consejo, y su implementación debe depender de tus preferencias personales.

En definitiva, la elección de los micrófonos y la forma en que los coloques puede marcar una gran diferencia en cómo tu público percibe tu música. Dedica el tiempo necesario a seleccionar y utilizar adecuadamente estos dispositivos, ya que pueden determinar el éxito o fracaso de tu carrera como productor musical cuando estás comenzando.

Trabaja tus ritmos y grábalos primero

En el ámbito de la música, el ritmo lo es todo. Tanto si te encuentras sobre un escenario, tocando en tu habitación o cantando una canción que suena en la radio, el ritmo es lo que capta la atención del público y lo engancha a la música. De hecho, los ritmos perfectamente ejecutados son imprescindibles en cada una de las pistas que grabas. Esta es la razón por la que, en cada sesión de grabación, la mayoría de los productores discográficos siguen una regla sólida: trabajar primero en la sección rítmica.

Esto implica que, al grabar con una banda completa, es fundamental ocuparse primero de la batería y la percusión. Normalmente, después se incorpora el bajo, seguido de la guitarra rítmica, y por último, se añaden los solos o las armonías (Grushecky, 2022). Aunque no existe una regla estricta sobre qué instrumento debe seguir a la batería, la voz suele grabarse en último lugar. Esto se debe a que la voz es la pista que transmite el verdadero mensaje de la canción. Naturalmente, se presta especial atención a la interpretación vocal, ya que es lo que permitirá que la canción sea reconocida de manera más notable.

Sin embargo, algunos productores discográficos prefieren grabar la voz justo después de los instrumentos de la sección rítmica. En ocasiones, los solistas instrumentales optan por superponer sus *riffs* y *licks* sobre las líneas vocales, solicitando que las voces se graben primero para luego añadir sus intrincados solos de guitarra o piano.

Por supuesto, no hay nada escrito en piedra sobre cómo debes dirigir tus sesiones de grabación. No hay nada ilegal en optar por no grabar la batería al final, ni se violaría ninguna norma si decides omitir el bajo en las fases finales de tu grabación. No obstante, si le preguntaras a cualquier productor musical experimentado, te diría que grabar primero la sección rítmica es una práctica que ha sido seguida por los mejores de la industria durante generaciones.

«*Si no está roto, no lo arregles*», dice el refrán. Así que, si esta regla ha facilitado las sesiones de grabación mucho antes de que tú nacieras, no deberías intentar desafiarla y arriesgarte a comprometer tu sueño de grabar algunas de las mejores pistas de la historia.

Utiliza un metrónomo o una caja de ritmos

Pero, ¿qué ocurre si un productor musical solitario no sabe tocar la batería ni ningún instrumento de percusión? ¿Y si su intención es grabar una pista acústica o una solo de piano? ¿O tal vez, una pista a capella es todo lo que necesita para su proyecto? En estos casos, es evidente que no se graban pistas de batería. Sin embargo, el artista debe seguir una serie de ritmos predefinidos, que son proporcionados por un metrónomo.

En la producción musical, el sonido del clic de un metrónomo digital se convierte en un tono indispensable en el que confían todos los músicos profesionales. Gracias a su precisión para producir compases muy exactos, la posibilidad de que te salgas del compás mientras sigues un metrónomo es bastante improbable, a menos que lo hagas intencionadamente. Por ejemplo, si configuras un metrónomo para que genere 93 pulsaciones por minuto, lo hará de forma continua durante toda la eternidad, a menos que pulses el botón de parada o que tu DAW se apague por algún motivo.

Los tiempos del metrónomo están diseñados para ayudar a los músicos a mantener una velocidad de interpretación muy constante. En aquellos casos en los que las partes de batería no son necesarias para una canción, el guitarrista, el pianista o cualquier músico acompañante grabará sus pistas mientras escucha el sonido del clic del metrónomo. Este procedimiento es estándar en la producción musical, y es esencial estar familiarizado con él (MasterClass, 2022).

Si los clics monótonos del metrónomo te resultan molestos, quizás desees optar por algo más interesante: las cajas de ritmos. Este tipo de dispositivo rítmico electrónico permite programar ciertos tiempos de acuerdo con un compás predefinido. Además, puedes unirlos en bucles y hacer que suenen repetidamente durante toda la grabación.

En comparación con el sonido monótono de un metrónomo, los ritmos de una caja de ritmos son más ricos y dinámicos. Te ofrece opciones como un redoblante, un bombo, platillos y todo lo que proporciona una batería real, además de mucho más. Muchos músicos autodidactas, DJs de discoteca y aquellos que se consideran una «banda de un solo hombre» encuentran en las cajas de ritmos su mejor aliado.

Lo más sorprendente de las cajas de ritmos es que no solo sirven como instrumentos para ensayar, sino que también pueden utilizarse en sesiones de grabación reales. Quizás te asombre saber que muchas de las canciones de éxito que escuchas hoy en día, especialmente aquellas con ritmos y rellenos de batería realmente complejos, no emplean en realidad a auténticos bateristas humanos durante la grabación. Esta es una de las maravillas de las recientes innovaciones digitales: ahora, algunos músicos son sustituidos por tecnología de software.

Graba los *fills* y las armonías

Si ya estás seguro de cómo grabar tus tiempos y ritmos, este debería ser el momento perfecto para que las armonías y los *fills* se unan a la fiesta. Las armonías, en este contexto, se pueden definir como «cualquier cosa que dé más sabor a tu canción». Elementos como cuerdas, coros y otros efectos de sonido que desees incorporar a tu producción pertenecen a esta categoría.

Muchos productores de música de grandes sellos emplean orquestas y coros para enriquecer sus canciones. Sin duda, esta es una idea brillante. Sin embargo, como productor musical casero, quizás aún no hayas llegado a ese punto, ¿verdad? Por lo tanto, en lugar de hacer ese gran gasto, considera utilizar los efectos de sonido que puede generar tu teclado o los *plugins* que ofrece tu DAW.

Otra herramienta que puedes incorporar es un teclado electrónico. Hoy en día, incluso el modelo más básico puede sintetizar cientos de sonidos. Con seguridad, podrás generar el sonido de un violín, un violonchelo e incluso el de un gran coro. Estos efectos son muy fáciles de utilizar y, lo mejor de todo, son absolutamente gratuitos. Debes aprovecharlos mientras te preparas para el momento en que puedas costear una orquesta de concierto en tu estudio improvisado.

Además, los *fills* de guitarra, bajo y otras pistas de instrumentos adicionales también deben ser grabados en esta fase. Al grabar sonidos distorsionados de guitarra eléctrica, es importante tener en cuenta que este proceso es más complicado que el de otros instrumentos. Esto se debe a que la distorsión de la guitarra presenta una amplia variedad de texturas, lo que podría introducir demasiado ruido en tu resultado final. Por lo tanto, al grabar solos de guitarra, junto con la guitarra rítmica distorsionada mencionada anteriormente, se requiere una disciplina mucho más estricta. Para lograrlo, es necesario aplicar un aislamiento de frecuencias, un tema que exploraremos más a fondo en los próximos capítulos.

Comprender los preamplificadores y las interfaces de audio

La importancia de contar con una salida de audio nítida y clara ha sido un tema recurrente en nuestras discusiones. Por lo tanto, debemos tomar muy en serio la necesidad de asegurar esta calidad. Además, existen otros dispositivos esenciales que debes considerar para lograr la perfección de grabación que tanto anhelas. En esta sección, nos familiarizaremos con los preamplificadores y las interfaces de audio.

En términos simples, un preamplificador es un dispositivo que puedes utilizar para amplificar señales débiles sin introducir distorsión. Si deseas aumentar la señal de tu micrófono, podrías optar por subir el nivel de volumen en tu DAW. Sin embargo, este enfoque podría degradar la calidad del sonido de tu micrófono, comprometiendo así el resultado final.

Por otro lado, con un preamplificador, puedes optimizar la señal que proviene de tu micrófono, amplificándola mientras conservas la claridad cristalina del sonido natural. Si ya posees equipos analógicos de la vieja escuela, aún puedes utilizarlos, ya que suelen ofrecer un sonido adecuado, siempre que hayan resistido el desgaste del tiempo. Además, si cuentas con instrumentos que tienen salidas de señal débiles y deseas utilizarlos en tu grabación, un preamplificador será útil para preservar la calidad del sonido.

En el caso de que hayas adquirido equipos más recientemente, es probable que ya estén diseñados para funcionar eficientemente con los dispositivos de sonido actuales. De hecho, muchos de ellos vienen con preamplificadores incorporados en sus circuitos, lo que te exime de la necesidad de profundizar en los conceptos que los rigen. Por ejemplo, la mayoría de los DJs e intérpretes de música tecno contemporáneos utilizan giradiscos y sintetizadores con preamplificadores integrados.

Al momento de comprar un equipo nuevo, es fundamental que prestes atención a un dispositivo conocido como interfaz de audio. Con esta herramienta, podrás conectar tu micrófono, guitarra, teclado o cualquier otro instrumento que desees. Por tan solo $100, puedes adquirir una interfaz de audio de gama alta que satisfaga tus necesidades de grabación vocal y de instrumentos (Truss & Corfield, 2021).

Una interfaz de audio típica de hoy en día también puede funcionar como preamplificador. Al conectar una guitarra, amplificará su señal hasta niveles óptimos, asegurando que sean lo suficientemente limpios y comprensibles para que tu ordenador los procese. Posteriormente, ese sonido en bruto se puede transformar en el formato que más te apetezca dentro de tu DAW.

En cuanto a las características de los preamplificadores, estos pueden contar con tan solo dos tomas de entrada o incluso hasta 18, dependiendo de la marca o el modelo. Al empezar, un dispositivo de doble entrada debería ser suficiente, ya que cubrirá tus necesidades para grabar una voz y un instrumento. Es importante tener en cuenta que, a menos que estés grabando una actuación en vivo, rara vez se realizan grabaciones multipista en estudios caseros como el tuyo.

Capítulo 3:
MIDI e instrumentos virtuales

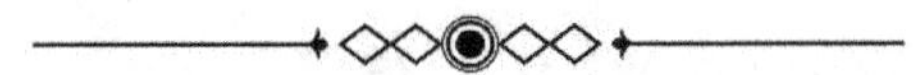

En los capítulos anteriores se ha mencionado que la informatización está muy implicada en todos los aspectos de nuestra vida moderna. Incluso en el campo de la música, que se supone que sólo requiere las mentes más disciplinadas y artísticas, muchos de los procesos relevantes en su creación necesitan la participación de la simulación informática.

Puede que a Beethoven, Mozart y Bach no les gustara que los músicos de hoy en día ya no dependan de la habilidad de sus manos ni de la precisión de sus mentes, pero la música de hoy en día se hace así. Necesitamos instrumentos virtualizados e incluso entornos virtualizados en la producción musical.

Sin la existencia de elementos musicales simulados por ordenador, sería muy difícil incluso para los músicos con más talento seguir el ritmo acelerado de las exigencias de la industria musical actual. Dicho esto, aprendamos ahora sobre el MIDI y los instrumentos virtuales y veamos por nosotros mismos hasta qué punto son realmente aplicables y útiles en nuestras tareas como productores musicales.

La evolución de MIDI a VSTI

MIDI (*Musical Instrument Digital Interface*) puede definirse sencillamente como «representar música de forma digital». Durante la década de 1980, MIDI se introdujo como un puerto real donde los músicos podían conectar sintetizadores para que las notas musicales pudieran llegar a la memoria del ordenador en forma digital.

Aunque el MIDI como herramienta se introdujo por primera vez en 1983, no fue hasta 2013 cuando los inventores Ikutaro Kakehashi y Dave Smith recibieron los Premios Grammy Técnicos por sus logros (Stewart, 2021). Gracias a la inclusión del MIDI en los sistemas informáticos, la forma de producir y publicar música cambió para siempre.

Gracias al MIDI, incluso los no músicos pueden crear música indistinguible de la interpretada por artistas de gran talento. Las cajas de ritmos, como ya se ha dicho, son los instrumentos más populares de la categoría MIDI. Su clase se ha convertido en algo realmente indispensable para los productores musicales de todo el mundo, en todos los géneros musicales posibles que puedas imaginar.

El MIDI empezó como un puerto físico real en el que se podía enchufar un instrumento musical y comunicarse con un ordenador. Tal avance condujo a la posterior creación de la VST (Tecnología de Estudio Virtual), que virtualiza un entorno de estudio dentro de un sistema informático.

En pocas palabras, la VST fue el verdadero responsable de miniaturizar un estudio enorme, porque ahora puede aparecer en un escritorio como una simulación informática. Con los años, la VST evolucionó hasta convertirse en la VSTI, un sistema mucho más complejo en el que los entusiastas de la música pueden tocar instrumentos de forma simulada.

Casi todos los instrumentos musicales posibles que puedas imaginar tienen ahora una versión VSTI de algún tipo: piano, guitarra, trompetas, instrumentos de cuerda y hasta toda una orquesta. Incluso un estudio entero o una enorme sala de conciertos pueden ahora simularse virtualmente gracias a esta tecnología. Sin duda, el MIDI hizo que la producción musical fuera mucho más fácil y, por no mencionar, mucho más divertida.

Gracias a que el MIDI evolucionó hasta convertirse en la VSTI, ahora los solistas pueden sonar como una banda completa en el escenario. Los DJs ahora pueden hipnotizar a grandes multitudes en los clubes de forma mucho más dinámica. Con unos pocos ajustes de una VSTI, ciertos géneros de la música electrónica, como el *house*, el *trance* y el *techno*, pueden ejecutarse instantáneamente.

Hoy en día, todos los artistas musicales, independientemente de su estatus, pueden estar unánimemente de acuerdo en que sin MIDI es imposible apaciguar los gustos modernos de los fans hambrientos de música de todo el planeta. No se puede negar que hoy en día la gente se aburre fácilmente. Incluso para los artistas muy apasionados como nosotros, nuestra capacidad de atención se ha acortado innegablemente. Debido a esta realidad, los creadores de música deben adaptarse a la tendencia moderna de producir música de la forma más rápida posible.

Puesto que todos estamos de acuerdo en que la gente está muy ansiosa por escuchar y ver algo nuevo cada vez que navega por la red, también debe implementarse una forma mucho más rápida de producir música. Claramente, no hay mejor método o herramienta que un ordenador con capacidades

MIDI, junto con los instrumentos virtuales que lo acompañan.

Conceptos básicos de programación de la VSTI

Al igual que conocer los fundamentos del trabajo con la DAW, trabajar con instrumentos virtuales es una habilidad que todo productor musical de la era digital debe poseer. Dado que los instrumentos virtuales funcionan mediante automatización, deben programarse para que funcionen a la perfección con los demás instrumentos presentes en tu canción.

Una de las cifras más importantes que tienes que introducir al programar instrumentos virtuales es la secuencia numérica que determina el patrón rítmico de tu canción. Por ejemplo, puede que la interfaz del instrumento virtual que hayas elegido te pida que introduzcas el compás de la canción si está en 2/2, 3/4, 4/4, etc. A continuación, introducirías la velocidad de la canción tecleando el número de tiempos por segundo.

La mayoría de los instrumentos virtuales actuales están diseñados con un nivel de detalle gráfico impresionante, lo que permite que en la pantalla se presente una ilustración realista del instrumento.

Además, puedes interactuar con ellos simplemente pulsando sus partes con los dedos o utilizando el *mouse*. Incluso es posible programar la forma en que se rasguean o golpean, aunque es importante señalar que esto puede variar considerablemente dependiendo del tipo de instrumento que se esté utilizando.

Una información vital que debes introducir es el patrón de acordes o la progresión de tu canción. Programar esto requeriría que introdujeras cuánto tiempo debe sonar un acorde en segundos o milisegundos. Siempre que introduzcas los valores adecuados, tu instrumento virtual nunca se saltará un compás y proporcionará un acompañamiento preciso, independientemente del tiempo que lo utilices para grabar o ensayar.

VSTI categorizados que debes tener muy en cuenta

Si decides utilizar instrumentos virtuales para crear tu música, ten en cuenta las siguientes VSTI. Aquí tienes una lista de VSTI clasificadas según categorías de instrumentos comunes.

Guitarras:

- IK Multimedia AmpliTube 5
- Positive Grid BIAS Amp 2 Elite
- Valhalla Supermassive

Bajos:

- IK Multimedia MODO Bass
- Bajo Heavyocity Scoring
- Ample Bass Guitar

Cuerdas y Orquesta:

- VSCO 2 Chamber Orchestra
- DSK Overture/Brass
- Sonatina Symphonic Orchestra

Batería y Percusiones:

- Alesis Stereo Electronic Drum Machine
- StudioLinked Drum Pro
- Spitfire LABS Drums

Para DJs y Actuaciones Techno en Directo:

- Rekordbox
- Virtual DJ
- Ableton Live

Si buscas en diversas webs, podrás encontrar listas interminables de VSTI. Ten por seguro que las mencionadas anteriormente deberían bastar para satisfacer tus necesidades de producción musical más habituales. Algunas aplicaciones VST son tan versátiles que incluso puedes crear tus propios instrumentos virtuales personalizados dentro de ellas, y puedes programarlos según tus propias reglas predefinidas.

Esto funciona grabando todas y cada una de las teclas o notas de cualquier instrumento que quieras virtualizar. Aunque puede ser un proceso laborioso que quieras evitar, es algo que debes tener en cuenta porque puede surgir una demanda de este tipo por parte de tus futuros clientes.

Inteligencia Artificial: ¿El declive de la verdadera música?

La VSTI han facilitado la vida de muchos músicos como nunca antes. Sin embargo, desde la perspectiva de algunos artistas, el hecho de que la música esté «demasiado automatizada» hoy en día elimina el verdadero sentido artístico que debería poseer. Muchos músicos de la vieja escuela expresan abiertamente su disgusto hacia los artistas más jóvenes que crean música utilizando sus ordenadores. No obstante, la realidad es que, para el público, el proceso de creación musical no tiene una gran importancia. Si una canción suena bien en su opinión, entonces es aceptable; y si disfrutan escuchándola, merece la popularidad que ha alcanzado.

Gracias a la inteligente colaboración entre programadores informáticos e ingenieros de sonido, ha surgido una revolución musical con una superestrella denominada «Inteligencia Artificial». La inclusión de la IA en la producción musical comenzó inicialmente con la creación de ritmos predefinidos, que los músicos podían utilizar para lograr interpretaciones muy precisas. Sin embargo, con el paso del tiempo, la participación de la IA ha evolucionado, llegando a simular pianos, trompetas y orquestas falsas. A medida que han pasado las décadas, la IA se ha convertido en generadora de patrones de acordes, asesora de melodías y analista de errores musicales. Por esta razón, muchos músicos tradicionales temen cada vez más que, algún día, los ordenadores y los intérpretes robóticos les arrebaten sus puestos de trabajo.

Como productor musical en la era digital, puede que te estés preguntando: «¿Tienen razón esos músicos de la vieja escuela? ¿Quedarán abolidas las tareas de un ingeniero de sonido, o incluso las carreras de los íconos musicales más famosos, a causa de la IA?». Nadie tiene una respuesta definitiva en este momento. Sin embargo, como productor musical contemporáneo, podrías aprovechar lo que la IA tiene reservado para ti.

En lugar de quejarnos de que los creadores de música modernos tienen menos talento que los de antaño, agradezcamos que, gracias a la tecnología informática, nuestro trabajo en la industria del espectáculo se ha vuelto mucho más cómodo. Con la presencia de la IA en el campo de la producción musical, los estudios de música se han miniaturizado y han llegado a nuestros hogares a un precio asequible.

Además, dado que los ordenadores han facilitado en gran medida el aprendizaje del oficio a los aspirantes a creadores musicales, ahora cualquier persona dispuesta puede explorar el vasto mundo de la edición musical. Atrás han quedado los días en que solo los ricos, poderosos e influyentes podían construir estudios musicales y beneficiarse de la fama y gloria de músicos con talentos prometedores.

Gracias a la existencia de la IA, el acto de grabar, mejorar y publicar tu música se realiza en la mitad de tiempo y a una fracción del coste. Es posible que los músicos veteranos nos desprecien por nuestra admiración hacia la IA, pero, en lugar de caer en interminables discusiones sobre el tema, aceptemos la realidad: los instrumentos virtuales están aquí para quedarse y probablemente continuarán facilitándonos la vida durante décadas.

Utilizar los instrumentos virtuales en nuestro beneficio

Está claro, basándonos en lo que hemos aprendido hasta ahora, que deshacerse del MIDI y de los instrumentos virtuales es muy poco probable. Lo mejor que podemos hacer entonces es utilizarlos para mejorar nuestra música. Comprender sus beneficios nos ayudará a aprovechar sus ventajas. Hemos dado una visión general de cómo funcionan, pero profundicemos un poco más en ellas. He aquí algunas de las mayores ventajas de utilizar instrumentos virtuales.

Se necesita menos mano de obra

Aunque pueda parecer una mala noticia para los músicos tradicionales, los instrumentos virtuales pueden beneficiar a un productor musical al eliminar la necesidad de tener músicos humanos reales en un estudio. En lugar de contratar a un violinista real para que toque contigo mientras rasgueas la guitarra, puedes programar un instrumento virtual con unos patrones de acordes predefinidos. Mientras tocas tus partes de acuerdo con ese mismo conjunto de acordes para tu violín virtual, ese pedazo de software tocará contigo con una precisión impecable.

Lo bueno de ese violinista virtual es que no se equivoca, ¡nunca! Si lo pones a tocar durante una hora seguida, obedecerá esa orden incansablemente. Los instrumentos virtuales no necesitan comer ni dormir como los músicos humanos, y aunque quisieras, no pueden ni quieren quejarse. No se interpondrán en tu proceso creativo, nunca discutirán y obedecerán tus instrucciones al pie de la letra. Los utilices como los utilices, e independientemente de la hora del día que sea, estarán ahí para atender tus necesidades de grabación.

Puedes programar un instrumento virtual para que parezca un solo músico, y puedes hacer que suene como si una docena de músicos estuvieran tocando todos juntos. Podemos decir literalmente que con un acompañamiento tan informatizado, el cielo es realmente el límite. Además, un instrumento virtual no requiere salario. La mano de obra disminuye enormemente y, lo que es más importante, puedes ahorrar mucho en costes de producción musical porque, a diferencia de tus antiguos compañeros de banda, el software informático no se queja si obtiene una mayor tajada de la tarifa asignada al talento.

Los instrumentos caros se vuelven irrelevantes

Esperas que los mejores instrumentos estén presentes en tus sesiones de grabación porque, obviamente, quieres obtener el mejor resultado sonoro posible. Pero la calidad tiene un precio, así que como te das cuenta de que no hay forma de que, por el momento, lleves instrumentos de alta calidad a tu estudio casero, buscas alternativas más baratas y tropiezas por casualidad con un instrumento virtual de descarga gratuita.

Después de aprenderlo por tu cuenta, acabas descubriendo que realmente sirve. No es tan bueno como el real, pero para la mayoría de los oyentes, que en su mayor parte no son músicos altamente cualificados, el acompañamiento generado por IA es lo suficientemente pegadizo como para gustarles.

Muchos productores musicales, incluso los más experimentados, pueden dar fe de que hay mucha gente a la que realmente le importa un bledo si se trata de un músico real tocando de fondo o si sólo son un par de bucles fabricados por un programa informático (Sgalbazzini, 2021).

Hay un montón de instrumentos virtuales de alta calidad ahí fuera que están realmente modelados para sonar como los instrumentos reales más caros del mercado. Como ya se ha dicho, hay un instrumento virtual para cada instrumento real que se te ocurra. El único problema al que podrías enfrentarte es la cantidad de tiempo que estás dispuesto a invertir en buscarlos y ponerlos a prueba.

Así que si te preocupa tener que comprar instrumentos reales y caros, intenta invertir mucho tiempo y poco o nada de dinero en encontrar el software ideal que pueda imitar esos instrumentos. Están ahí fuera esperando a que los pruebes: sólo es cuestión de conocer el sonido que quieres y saber dónde buscar.

Los errores son más manejables

En los tiempos en que la grabación analógica era aún el único método de grabación conocido, había muchas bandas que decían haberse disuelto debido a la inimaginable tensión que algunos músicos no podían soportar. En los escalones más altos del negocio de la música, o incluso en los niveles inferiores a los que podrías pertenecer, hay líderes de grupos y productores musicales con unos niveles de exigencia que incluso a los músicos más dotados les costaría cumplir. Como resultado, algunos artistas abandonan a mitad de proyecto, lo que conduce a batallas judiciales no deseadas y amistades arruinadas.

Como artista apasionado, odias que eso ocurra. Por suerte, tienes tus instrumentos virtuales para ayudarte a terminar el trabajo: simulaciones que nunca consultarán a un abogado ni te demandarán ante un juez. Tal escenario es improbable porque, aparte de no tener egos hinchados que puedas herir, los instrumentos virtuales nunca cometen errores.

Los únicos fallos que pueden generar son los derivados de tus instrucciones erróneas. Mientras configures bien los parámetros, ejecutarán sus notas y ritmos de la forma más precisa.

¿Significa esto que los instrumentos virtuales pueden ofrecer la perfección que esperas alcanzar? Por desgracia, no. El problema con «perfecto» es que es un término relativo; varía de una persona a otra. Tu definición no es la misma que la de tu mejor amigo, que también puede ser productor musical como tú.

Sin embargo, lo bueno es que puedes configurarlo para que sea perfecto a tu manera, y cuando no suene como quieres, puedes rectificarlo fácilmente con las herramientas incorporadas, o con los *plugins* de corrección de errores de tu DAW.

Desventajas de los instrumentos virtuales

Una vez comprendidas las ventajas, puede que ahora estés convencido de que la música informatizada es algo que debes utilizar en tu beneficio. Está claro que pueden hacer que casi cualquier problema imaginable de producción musical sea esencialmente inexistente. Sin embargo, para ser justos, los instrumentos virtuales también tienen algunos inconvenientes. Analicemos algunos de sus mayores puntos débiles.

Degradación del talento

Como habrás notado al estudiar instrumentos virtuales, el tiempo que dedicas a tocar la guitarra o cualquiera de tus instrumentos preferidos ha disminuido. Odiarás admitirlo, pero lo más probable es que esto te esté ocurriendo ahora mismo. Naturalmente, tienes que dominar los entresijos del software del instrumento virtual que hayas elegido, y esto requiere mucho tiempo y concentración tanto en el aspecto físico como en el mental.

Sólo tienes dos manos; no es posible que retoques tu MIDI mientras utilizas también tus otras extremidades para tocar tus instrumentos exactamente al mismo tiempo. En el proceso de aprender a programar instrumentos virtuales, hay un inconveniente evidente: tu talento natural para tocar el instrumento que tanto has amado durante años ha disminuido enormemente.

De esto es de lo que hablan esos músicos de gran nivel: la delicadeza musical y la definición misma del arte musical están experimentando una evidente desaparición, y tú, como productor musical de la era digital, estás aportando tu granito de arena para que así sea. ¿Por qué? Porque te has enamorado de una herramienta de software basada en la IA y la utilizas para crear tus majestuosas sinfonías.

El debate sobre esta cuestión podría ser interminable, y sería extremadamente difícil determinar qué bando acabaría ganando. Independientemente de cómo utilices los instrumentos virtuales, ten por seguro que, aunque tu talento se degrade en algún momento, tienes que reavivar esa vieja llama que tenías en aquellos primeros días en los que aún te gustaba tocar tu instrumento preferido. Tanto si tocas ante grandes multitudes, como si lo haces en el espacio privado de tu propio dormitorio, los instrumentos virtuales deben tratarse como meras herramientas: nunca permitas que sustituyan al talento natural.

Mala emulación del sonido realista

Cuando te enteres de que tu grupo favorito llega a la ciudad para tocar en directo, estarás muy dispuesto a cancelar cualquier cita importante con tal de verlos en el escenario en toda su cruda gloria. La razón por la que los espectáculos en directo siguen estando entre los eventos más irresistibles a los que acude la gente es porque les espera la «crudeza de la actuación».

No importa cuántas veces oigas las grabaciones de tus artistas favoritos o cuántas veces los hayas visto en vídeo, no puedes evitar sentirte cautivado cuando los ves en directo sobre el escenario con tus propios ojos. Hay algo realmente especial en verlos interpretar su arte musical de la forma más real y excepcional que pueden.

Pero cuando se utilizan instrumentos virtuales, no se puede alcanzar ese nivel de realidad, al menos de momento. Por brillante que sea un instrumento virtual, nada de su clase es lo bastante convincente como para emular el tipo de autenticidad que sólo pueden ofrecer los músicos humanos.

Incluso con la batería virtual, el tipo de instrumento virtual más popular de todos los tiempos, los mejores siguen siendo incapaces de imitar a la perfección el tipo de golpes y ritmos de los excelentes bateristas humanos. Por el momento, los expertos siguen considerando que los ritmos de percusión digitales son muy «robóticos».

Pero la cuestión es que la mayoría de los oyentes son totalmente ajenos a esto. A la mayoría de ellos nunca les importaría si se trata de un batería real tocando de fondo o de un robot programado. Pero si eres el tipo de productor musical que quiere que le tomen en serio, generar himnos robóticos es algo que debes esforzarte mucho por evitar.

Ser un productor musical comercializable incluye tener una cartera sólida, y ser bueno trabajando con instrumentos reales es algo que los grandes nombres de la industria musical siempre están buscando. Además, muchos artistas bien pagados siguen prefiriendo a los que tienen talento natural. Si sólo dominas los instrumentos virtuales, puede que no estén dispuestos a trabajar contigo.

La música real y de sonido natural nunca debe apartarse de tu expresión artística. Por muchas ganas que tengas de aprender herramientas modernas para mejorar tu música, nunca debes ignorar el impulso interior que te empuja a tocar tu instrumento con las manos y las extremidades de vez en cuando, por amor y por pasión artística.

Poesía deficiente

La instrumentación no tiene nada que ver con el proceso de escribir letras. Pero ya que estamos hablando de las debilidades de la IA a la hora de ayudarnos con nuestra música, merece la pena mencionar este apartado. Esto puede parecer muy extraño para la mayoría de nosotros, pero algunas herramientas de IA se están utilizando realmente de forma experimental ahora mismo para generar letras de canciones.

Google, como uno de los nombres más importantes de la industria del software, está aportando actualmente grandes cantidades de financiación para MusicLM, una herramienta de creación de canciones que sus creadores esperan que algún día sea capaz de generar canciones de éxito con la IA como compositora (Raieli, 2023). Nadie puede decir aún si esto será un éxito, pero por el momento, la IA no puede crear letras convincentes.

La IA es bastante buena en términos de precisión y a la hora de generar patrones de acordes cautivadores que puedan enganchar fácilmente a la gente. Pero en cuanto a generar letras que puedan captar las emociones de la gente, sigue siendo muy mediocre en el mejor de los casos.

Esto debería ayudarnos a comprender que, al utilizar la IA para elaborar artísticamente nuestra música, debemos aceptar algunas duras verdades: hay aspectos de ella que no podemos utilizar todavía, al menos por el momento. Puesto que la IA es incuestionablemente buena creando ritmos perfectos y ganchos pegadizos, debería emplearse mejor en esas categorías.

Para cautivar a tus oyentes a un nivel más emocional, o para generar la poesía de la que esperas que el público se enamore, lo mejor sigue siendo confiar en tu propio vocabulario. Por ahora, la IA es un mal poeta; sólo tienes que aceptar esta limitación innegable.

La IA es más útil para reproducir elementos, reducir la mano de obra y recortar costes. Sin embargo, para emular el «toque humano» de la música, todavía no es tan potente como cabría esperar. Al utilizar herramientas virtuales en la producción de tu música, debes tener mucho cuidado al equilibrar la IA y la inteligencia humana. No tener esto en cuenta sería un error si esperas hacerte un hueco en la muy competitiva industria musical.

Capítulo 4:
Arreglos y estructura

Con lo que hemos aprendido hasta ahora sobre la grabación de pistas y los instrumentos virtuales, debería ser seguro admitir que componer canciones puede ser mucho más fácil que antes. Ningún programa informático puede ayudarnos a adquirir el talento natural que poseen los compositores más dotados, pero cualquiera puede darse cuenta de que la tecnología puede mejorar enormemente las habilidades de composición que ya tenemos.

Todas las canciones, por muy brillantemente elaboradas que estén, no sonarían bien si no estuvieran bien arregladas. Además, deben estructurarse en función de los requisitos técnicos actuales de la industria musical.

No cabe duda de que un compositor con talento natural puede crear melodías y tonos majestuosos. Pero sin los toques finales y la capacidad de pulido de los expertos en audio, sus canciones no llegarían a ser tan encantadoras y pulidas como parecen al público oyente.

Detrás del proceso de grabación de cada canción de éxito que te encanta están los métodos de arreglo y estructuración de los expertos en audio y los productores discográficos. Supondremos que, como novato en este campo, desempeñas esas funciones en el proceso de grabación de tus propias canciones.

Lo que aprenderás aquí son los ejercicios a los que tienes que someterte después de grabar todos los elementos sonoros que pueda contener tu canción. Aunque esto no garantiza que te conviertas en un creador de grandes éxitos, sin duda contribuirá en gran medida a establecer tu reputación como gran productor musical a largo plazo.

Asegurar y preparar tus pistas

Como un buen soldado que se asegura de que sus armas funcionarán adecuadamente en la batalla, debes asegurarte de que los componentes de tu pieza musical estén muy bien organizados. El objetivo es cumplir la misión de la forma más eficaz posible.

Es comprensible que estés ansioso por empezar a mezclar de inmediato. Pero antes de llegar a ese intrincado proceso, hay preparativos necesarios y medidas de precaución por las que tienes que pasar. A medida que el proceso de mezcla se complica, querrás evitar confusiones y frustraciones colocando las pistas grabadas en el mejor orden posible.

La preparación y organización de tus pistas debe hacerse bajo el supuesto de que ya has grabado todas las partes vocales, así como las instrumentales. También hay que suponer que las has grabado basándote en los principios establecidos en el *Capítulo 2*.

Aunque todavía no estamos oficialmente en el proceso de mezcla, ahora se te pide que cargues todas las pistas en el área de trabajo de tu DAW para que puedas trabajar en la edición de cada una de ellas más adelante. Antes de importarlas a tu

DAW, asegúrate de que ya les has dado nombres de archivo distintivos para poder identificarlas fácilmente.

Otra tarea vital en este punto sería crear copias de seguridad de todas tus pistas. Tanto si eres un novato como un profesional, hacer copias de seguridad de tus pistas es un protocolo estricto que debes seguir porque existe una gran posibilidad de que tus archivos se corrompan o se dañen accidentalmente mientras los mezclas y editas.

Lo positivo de la mayoría de las DAW es que, además, suelen contar con sus propios avisos de respaldo, los cuales te recordarán la importancia de leer desde el archivo original o realizar una copia del mismo. No obstante, incluso las mejores estaciones de trabajo pueden fallar ocasionalmente, por lo que es fundamental adquirir el hábito de hacer copias de seguridad de tus pistas de manera regular. Después de todo, es preferible prevenir ahora que lamentarse más tarde.

Organizar y etiquetar las pistas correctamente

Aquí es donde debes empezar a importar todas tus pistas a tu DAW. Una vez cargadas todas en el espacio de trabajo, tienes que ordenarlas adecuadamente. El orden más recomendable sería tener las partes de batería en la zona superior, seguidas de las partes de bajo, la guitarra rítmica y todos los demás instrumentos que componen la sección rítmica de tu canción.

De manera similar a lo que se recomienda durante la grabación, es fundamental colocar los instrumentos de percusión en primer lugar, antes que las demás pistas. Esto se debe a que deben ubicarse en la parte superior del espacio de trabajo para garantizar que todas las demás partes estén perfectamente sincronizadas con sus ritmos. Al cargar cada pista tras las secciones de batería, es necesario escuchar cuidadosamente cada una para asegurarse de que siguen el «latido de la canción».

Este paso resulta crucial, ya que mantener las pistas bien sincronizadas es esencial en la producción musical. La sincronización adecuada es vital en cualquier sesión de grabación, y si no se respeta este aspecto, el resultado final no será tan pulido como esperabas.

En caso de haber grabado las pistas con la ayuda de un metrónomo o una caja de ritmos, y has verificado que están alineadas con precisión al tempo establecido, no deberías tener preocupaciones; es muy probable que mantengan un ritmo perfecto a lo largo de la canción. No obstante, si notas alguna desincronización —lo cual es bastante común— será necesario ajustar cuidadosamente las pistas para que coincidan con la sección rítmica. Aunque este proceso puede consumir tiempo, es esencial para lograr una buena mezcla. Afortunadamente, cualquier buen software de audio digital (DAW) cuenta con herramientas adecuadas que te permitirán sincronizar con precisión las partes instrumentales y vocales.

El número de pistas o capas visibles en tu DAW dependerá del tipo de canción que estés produciendo y de la cantidad de instrumentos o voces que hayas incluido. En este sentido, la decisión de qué pista debe ubicarse en una determinada área del espacio de trabajo es completamente personal. No existe una regla estricta sobre cuál debe estar arriba o abajo; el objetivo es que esta organización te facilite la sincronización y el orden de las pistas durante la mezcla.

Etiquetar y codificar por colores

Para mayor comodidad, debes etiquetar cada pista e incluso cada sección de la pista en grabaciones complejas. Por ejemplo, podrías poner etiquetas como «intro, estrofa, estribillo, etc.». Aunque esto no es realmente necesario si estás trabajando en una pista acústica con un cantante, es imprescindible cuando estás mezclando una canción multipista interpretada por una banda completa.

El etiquetado proporciona la comodidad de señalar con precisión qué parte necesita ser tratada a medida que avanzas en el proceso. Mientras miras las ondas de tus pistas durante horas, podrías empezar a ver cosas que en realidad no están ahí, lo que podría provocarte muchos quebraderos de cabeza a medida que el proceso se alarga. Como principiante, tienes que inculcarte el hábito de ser organizado: esto allanará el camino hacia un alto nivel de eficiencia.

También merece la pena tener en cuenta la posibilidad de escribir notas. La mayoría de las DAW están equipadas con un bloc de notas donde puedes escribir descripciones de las pistas. Esto es especialmente útil cuando trabajas con otros editores de sonido, ya que no tendrán que escuchar pistas enteras sólo para saber con qué están tratando.

Algunas DAW también permiten incrustar códigos de color en tus pistas o en las partes que las componen. De esta manera, en lugar de etiquetar las secciones como «verso, estribillo, ad lib, etc.», puedes aplicarles un código de colores, lo que facilita su localización cuando amplías o reduces el espacio de trabajo.

Además, existen muchos trucos y consejos para preparar tus pistas, y es importante que te sientas libre de crear tu propio método. El propósito principal detrás de esto es mantener un nivel de organización que te permita trabajar de forma más eficiente. Por lo tanto, debes encontrar una manera de disponer tus pistas de tal forma que se minimice la confusión más adelante. Es cierto que puede surgir mucha confusión, especialmente cuando pasas largas horas trabajando en tus pistas, por lo que es fundamental contar con la paciencia necesaria para gestionar estos momentos de desorden.

Trabajar con bucles y muestras

En los tiempos de la grabación analógica, las voces y los instrumentos se grababan casi siempre en tomas completas. Un cantante cantaba una canción entera, incluso repitiendo los mismos estribillos o versos redundantes en cada toma. Los instrumentistas también se sometían a la misma rutina, lo que sin duda era muy pesado para todos.

Pero, afortunadamente para nosotros, ese régimen ya forma parte de la historia. Hoy disponemos de la incomparable comodidad que proporciona la tecnología del software. Ya no necesitamos grabar tomas completas de partes de canciones. Todo lo que tenemos que hacer es grabar una progresión de acordes determinada, copiarla y pegarla, y dejar que se reproduzca una y otra vez mientras el vocalista canta con ella.

El cantante ni siquiera tiene que cantar la canción entera. Si hay partes repetitivas de la canción, también pueden copiarse y pegarse del mismo modo que harías al arreglar partes de instrumentos. Esta es la magia y la comodidad que ofrece la técnica llamada «*looping* y *sampling*».

Como has aprendido sobre el MIDI, incluso los que no son músicos ya pueden crear piezas musicales muy atractivas. Si ya eres un músico con talento, también puedes hacer tus tareas mucho más fáciles y menos laboriosas. En lugar de grabar todos los rasgueos y *riffs* de tus partes de guitarra durante toda la duración de tu canción, sólo tienes que grabar una magnífica toma y copiarlos y pegarlos siempre que sea necesario.

Algunos músicos siguen insistiendo en tocar la canción completa, y cuando trabajes con ellos, puedes permitirles que interpreten el tema hasta el final. Sin embargo, al momento de editar la música, tendrás que ejercer tu criterio y elegir qué partes suenan mejor.

Una vez que hayas identificado los mejores bucles de instrumentos en toda la grabación, podrás aislarlos y reproducirlos para montar una pista completa de bucles entrelazados. Después de mezclarlos sin problemas con las demás pistas, a la audiencia ya no le importará cómo se grabó. El objetivo, después de todo, es lograr un resultado impecable, y si la tecnología de software nos ayuda a conseguirlo, podemos y debemos utilizarla en nuestro beneficio.

Aunque algunos músicos tradicionales puedan criticarte por ello, encontrarás consuelo en el hecho de que la mayoría del público no notará la diferencia, a menos que tú mismo se lo digas. Es cierto que podría parecer una forma de hacer trampa. Sin embargo, la tecnología está a nuestro alcance para simplificar nuestro complejo trabajo. No es un delito aprovechar la digitalización para «acortar caminos» y finalizar las producciones de manera más rápida, alcanzando el nivel de perfección que tanto deseamos en nuestra música.

Crear singularidad y variedad: Utilizar el *Auto-Tune* y la corrección de *Pitch*

Embellecer elementos que puedan hacer nuestra música más interesante es algo en lo que siempre pensamos. Puesto que ya hemos reconocido que no hay nada malo en utilizar la tecnología para facilitarnos el trabajo, ¿qué tal si la utilizamos un poco más para hacer nuestra música más interesante? ¿Qué tal si hacemos versiones alternativas de nuestras canciones jugando con las herramientas que nos proporciona nuestra DAW?

En esta sección, vamos a hablar de más herramientas y funciones que al principio puede que detestes. Sin embargo, a medida que te acostumbres a la comodidad que ofrecen, empezarás a comprender que, si se utilizan con moderación, pueden ser realmente útiles para que tus esfuerzos de producción musical digital sean mucho más cómodos.

Si has estado estudiando con dedicación la producción musical digital, probablemente hayas escuchado a los tradicionalistas de la música quejarse sobre el «malvado *Auto-Tune* ». Es cierto que ya se ha planteado la idea de que la digitalización ha vuelto más perezosos a algunos músicos, degradando su talento a niveles preocupantes. Sin embargo, antes de unirte a este coro de críticas y adoptar una postura completamente en contra de la música digital, tal vez quieras considerar primero las ventajas que este software puede ofrecer.

En primer lugar, una de las principales ventajas del *Auto-Tune* es que puede ahorrarte tiempo e incluso permitirte trabajar con una grabación de un cantante que ya no esté presente. Por supuesto, no puedes pedirle a un cantante que repita una grabación si no está disponible. No obstante, gracias al *Auto-Tune* , puedes corregir errores de afinación simplemente ajustando algunas notas desafinadas en la melodía. De esta manera, siempre que el cantante haya hecho un trabajo de calidad durante el ensayo, el público no notará la diferencia, ya que el resultado final estará perfectamente afinado y sincronizado.

Además, el *Auto-Tune* no solo se limita a corregir fallos, sino que también puede agregar más variedad y carácter a tu canción. Cuando se utiliza de forma creativa, esta herramienta puede ofrecer una proyección única de la voz natural del cantante. Aunque algunos lo consideren una herramienta polémica, también ha sido la clave del éxito para ciertos artistas. Por ejemplo, Playboi Carti, Lil Uzi Vert, Travis Scott y T-Pain han alcanzado fama mundial en parte gracias al uso del *Auto-Tune* . Incluso puede que hayas escuchado «Believe» de Cher, una canción que destaca por su inflexión vocal única generada a través de este software (Madden, 2019).

El *Auto-Tune* no solo se aplica a las voces, sino que también es utilizado por instrumentistas para asegurarse de que sus instrumentos están afinados a la perfección, especialmente en situaciones donde no se dieron cuenta de pequeños errores durante una actuación en vivo.

Entre las aplicaciones de software de *Auto-Tune* más populares se encuentran Antares, Celemony Melodyne y Synchro Arts Revoice. No obstante, estos programas no son baratos, ya que sus precios varían entre 100 y 1000 dólares, mientras que algunos solo están disponibles mediante suscripción. Por otro lado, también existen versiones gratuitas, aunque los resultados que ofrecen suelen sonar robóticos y carentes de vida.

En definitiva, decidir si utilizar *Auto-Tune* es una cuestión de preferencia personal. Se menciona en este debate porque, en la producción musical, buscamos constantemente formas de hacer nuestras tareas más eficientes. Al final, no es más que otra herramienta para añadir variedad y color a la música, algo que, al fin y al cabo, siempre intentamos lograr para captar la atención del oyente.

Finalmente, es importante recordar que estructurar y arreglar canciones puede ser un proceso complejo y laborioso. Algunas herramientas pueden ser más eficaces que otras, y lo que para unos es «malvado», para otros es una solución ideal. En cualquier caso, lo más importante es que te mantengas enfocado en tus propios objetivos.

No permitas que las opiniones de los demás eclipsen las tuyas. Si ciertas herramientas pueden aligerar la carga, entonces deja de prestar atención a las discusiones y concéntrate en lo que realmente te ayuda a alcanzar tus metas de la manera más conveniente y satisfactoria.

Capítulo 5:
Mezcla y masterización

Al igual que un director de fotografía que espera que las escenas sean lo más cautivadoras posible desde el punto de vista emocional y visual, los productores musicales competentes esperan que sus grabaciones acabadas sean hipnotizantes y cautivadoras en todos los sentidos posibles.

No basta con que las voces y los instrumentos estén dispuestos de tal manera que coincidan en el tiempo y estén alineados melódicamente: tienen que mezclarse estratégicamente. No sólo deben sonar bien, sino que también tienen que sonar «adictivamente bellos».

Mezclar y masterizar pueden parecer básicamente lo mismo, pero para todo productor musical experimentado que se precie, son campos disciplinarios diferentes (Dixon, 2019). Sin embargo, deben trabajar mano a mano, porque una no puede materializarse totalmente sin la otra. Hablemos de los pasos a seguir en el proceso de mezcla de tus temas, que acabarán convirtiéndose en la canción de éxito con la que has soñado que llegaría a las ondas.

Antes de empezar, debes tener en cuenta que los pasos siguientes se presentan de forma muy simplificada. Esto significa que lo que sigue está diseñado para ser aplicable independientemente del DAW que estés utilizando o del tipo de canción que estés mezclando. Al continuar, se supone que ya has organizado tus pistas como se ha comentado en el capítulo anterior.

Muchos ingenieros de sonido tendrían su propia lista de pasos. Algunos exagerarían el proceso necesario para convertirse en un ingeniero de sonido profesional y dificultarían la comprensión de lo que realmente quieren decir. No lo haremos aquí. Esto está pensado para que lo entienda un novato, por lo que nuestro debate será lo más básico y condensado posible, sin dejar de ser muy completo desde la perspectiva de un profesional.

Pasos cruciales de la mezcla

Limpieza y eliminación del ruido

La mayoría de los expertos se saltan la parte de la «limpieza» e incluso se niegan a considerarla parte del proceso. La razón es que la mayoría de ellos tienen oídos muy entrenados, por lo que todos los ruidos o frecuencias no deseados que puedan aparecer en las grabaciones se desvanecerán sin más mientras siguen con su rutina habitual de mezcla. Sin embargo, como principiante, es muy recomendable que hagas algo de limpieza con tus pistas antes de seguir adelante.

Se llama «limpieza» porque, literalmente, estarás limpiando tus pistas de ese ruido de fondo no deseado que hará que tu salida sea extremadamente turbia con el tiempo. La eliminación del ruido es una de las rutinas más básicas que tienes que hacer cuando te embarcas en tus primeros pasos como productor musical casero.

Hemos de suponer que durante tus primeros intentos de grabación, utilizas equipos de bajo coste. Lo más probable es que tengas un presupuesto ajustado, por lo que has comprado el equipo musical más asequible disponible. El problema más obvio de este tipo de aparatos es que el resultado de tu grabación no será tan naturalmente nítido y limpio como el que tendrías al grabar con unos caros.

Sin embargo, no tienes por qué preocuparte, porque la DAW que hayas elegido puede eliminar la mayoría de los ruidos de fondo indeseables que pueda haber durante la grabación. Sin embargo, tenemos que dejar claro que el tipo de ruido del que hablamos aquí es el «ruido blanco», que procede de tus ventiladores y del zumbido de los equipos electrónicos que tengas en la habitación.

Si has seguido los consejos del *Capítulo 2*, ya deberías haber comprendido que hay ciertos tipos de ruido que son imposibles de eliminar con las herramientas de tu DAW. El uso de la función de eliminación de ruido de tu DAW suele hacerse resaltando una muestra del ruido que quieres eliminar. La mejor forma de identificarlo sería seleccionar los primeros segundos de silencio de fondo al principio de tu pista.

Una vez que el programa lo identifique como el tipo de ruido que quieres eliminar, recorrerá toda la pista y lo eliminará. Puedes hacerlo más de una vez para cada una de tus pistas, dependiendo de lo ruidosas que sean. Cuanto más lo hagas, menor calidad tendrá tu mezcla final, así que siempre es mejor empezar lo más limpio posible en la sesión de grabación.

Compresión y normalización

Además de eliminar los ruidos no deseados, tienes que hacer que tus pistas suenen más uniformes y consistentes; aquí es donde entra en juego un proceso llamado compresión. Es uno de los procesos más importantes durante el proceso de mezcla, porque hace que las partes suaves de tus pistas parezcan más altas, al tiempo que suaviza un poco las partes más altas.

Las voces suelen ser las pistas más retocadas durante la fase de compresión de la mezcla musical. Esto se hace para igualar los picos altos y los valles bajos de la amplitud, con el fin de que sea más consistente y vaya armónicamente con los demás instrumentos. Como las pistas MIDI parecen más consistentes que los instrumentos reales que se graban manualmente, no deberían necesitar ninguna compresión posterior. Los ajustes más típicos que podrías ver en el compresor de tu DAW serían umbral, ruido de fondo, relación y tiempo de ataque/liberación. Para que tus pistas tengan un sonido lo más natural posible, no debes alejarte demasiado de los siguientes ajustes:

- Umbral: -12 db
- Piso de ruido: -40 db
- Relación: 2:1
- Tiempo de ataque: 0,2 segundos
- Tiempo de liberación: 1,0 segundos

Puedes jugar con estos ajustes hasta que obtengas los resultados deseados. Sin embargo, con la mayoría de las pistas, estos números deberían bastar para que las partes más suaves de una pista ya sean perceptibles. Alejarse demasiado de estos ajustes haría que tu pista, especialmente si es una pista vocal, sonara muy rara. A menos que se requiera rareza en tu mezcla, se recomienda encarecidamente que te ciñas a esa configuración dada o que elijas una que no se aleje demasiado de ella (Buzzsprout, 2022).

Seleccionando toda la pista y aplicando la configuración de compresión por defecto de tu DAW, la pista tendrá una transformación significativa, en el sentido de que los agudos y los graves de su volumen se volverán mucho más uniformes.

Además de la compresión, es fundamental que se realice la normalización. Esto es clave para garantizar que no se produzca *clipping* en una pista específica durante la reproducción. El *clipping* es un término de mezcla que hace referencia a la distorsión generada cuando el nivel de volumen supera los cero dB. Por esta razón, los ingenieros de sonido recomiendan que las salidas de sonido se mantengan dentro de -3 dB o menos, con el fin de evitar que la música pierda calidad (Audiosorcerer, 2022).

Durante la mezcla, es importante observar regularmente el medidor de reproducción de tu DAW. Si este se pone en rojo, significa que el audio está saturando. Es crucial evitar esta saturación, ya que no solo afecta la calidad del sonido, sino que también puede dañar los altavoces si se reproduce repetidamente. Afortunadamente, este problema puede solucionarse fácilmente utilizando la herramienta de normalización disponible en el menú de tu DAW.

Todas y cada una de las pistas deben comprimirse y normalizarse para asegurar una salida de calidad. Por cada proceso de compresión que realices, la normalización debe llevarse a cabo de inmediato, de manera que se minimice la posibilidad de *clipping*.

Ecualización y panoramización

Para mejorar aún más la calidad del sonido, también debe tener lugar un proceso llamado ecualización. Puede definirse en términos sencillos como el proceso de ajuste de la amplitud de las frecuencias de sonido para obtener una salida de sonido lo más clara posible. Como se explicó en el *Capítulo 2*, la ciencia básica del sonido es que viaja en ondas. Puede estar en una frecuencia alta, baja o en algún punto intermedio (Science Learning Hub, 2019).

Para que una pista suene mucho más clara, se pueden potenciar sus niveles de amplitud de tono alto para hacerla más nítida, o si quieres que tus ritmos tengan un golpe más fuerte, se pueden potenciar sus niveles de amplitud de tono bajo. Profundizar demasiado en la ciencia que hay detrás de esto sería abrumador, así que vamos a simplificarlo.

El aspecto más fundamental que debes entender en la ecualización es el equilibrio entre graves y agudos. Los graves, por ejemplo, representan los tonos bajos que escuchas en una pista de música, mientras que los tonos altos se denominan agudos. Para que un instrumento suene de manera óptima, es esencial ajustar correctamente estos niveles, logrando así que el sonido global de tu mezcla sea mucho más equilibrado y agradable.

Ahora bien, como principiante, puede resultar difícil determinar si un nivel específico de graves o agudos es adecuado en comparación con los estándares de la industria. La solución más sencilla para esto es aprovechar los preajustes de ecualización disponibles en la DAW que elijas. Estas configuraciones, proporcionadas por el fabricante del software, te ofrecen un buen punto de partida. Deberías utilizarlas inicialmente mientras adquieres experiencia, y, con el tiempo, desarrollar tus propios ajustes personalizados.

Además, cuando trabajas con sonido estéreo, se emplea una técnica clave llamada panoramización. Esta técnica consiste en manipular los canales izquierdo y derecho de tus pistas, de modo que ciertos sonidos se escuchen solo en un canal o en ambos. Muchos ingenieros de sonido utilizan la panoramización para resolver el problema de las mezclas saturadas o turbias.

Por ejemplo, podrías ubicar el sonido apagado de una guitarra en el canal derecho, mientras que una percusión secundaria se reproduciría exclusivamente en el canal izquierdo. Al evitar que múltiples pistas se reproduzcan simultáneamente desde el mismo altavoz, se logra una mezcla mucho más clara y definida.

Equilibrado del volumen

Es importante no confundir esta fase con la ecualización; en realidad, consiste simplemente en aumentar o disminuir los volúmenes de cada una de tus pistas. Aunque a primera vista parece una tarea sencilla, en realidad se trata de uno de los aspectos más complicados del proceso de mezcla, ya que es probable que debas regresar a esta etapa una y otra vez.

Mientras trabajas con un ajuste o efecto de sonido específico, es posible que notes que una pista resulta indiscernible en comparación con las demás. Para evitar que quede enterrada bajo el volumen de las otras pistas, es fundamental que retrocedas y la ajustes a un nivel más adecuado.

Sin embargo, al hacer esto, podrías descubrir que otra pista queda eclipsada por el volumen de la que acabas de modificar. Este ejercicio puede volverse laborioso, por lo que lo ideal sería tomarse un descanso después de largas horas de trabajo. Al darle un respiro a tus ojos y oídos, podrás regresar con una perspectiva fresca y ajustar los niveles de volumen de tus pistas para que se escuchen con mayor claridad.

Cabe destacar que esta es una habilidad que lleva tiempo dominar. Como principiante, es normal que te resulte agotador, especialmente porque algunas secuencias de audio pueden sonar similares entre sí. Por lo tanto, es importante recordarte a ti mismo que debes tomarte descansos regulares para evitar el agotamiento, lo que podría dar lugar a resultados no deseados. Recuerda que el arte debe ser una prioridad, y dedicar tiempo a descansar es uno de los consejos más valiosos que puedes seguir.

Espacio y efectos

Independientemente del tipo de música en el que estés trabajando, añadir efectos a tus pistas es una parte fundamental del proceso. Algunos efectos son muy evidentes, mientras que otros son tan sutiles que casi pasan desapercibidos. Tanto en la parte vocal como en la instrumental de tus canciones, es necesario realizar ciertas configuraciones de audio para que incluso las voces más naturales, que aparentemente no requieren corrección, puedan realzarse aún más.

Incorporar un poco de «sensación de espacio» o reverberación en tus pistas es un truco valioso que puedes utilizar para que las voces o los instrumentos suenen más grandes y llenos de lo que realmente son. Por ejemplo, puedes hacer que la batería suene como si el músico estuviera tocando desde lejos, o que el guitarrista parezca estar sentado a tu lado mientras rasguea las cuerdas.

Este elemento de reverberación, conocido como «tamaño de la sala», es uno de los ajustes más comunes con los que los técnicos de audio trabajan al mejorar una pista. Un ajuste mayor del tamaño de la sala provoca que los instrumentos parezcan tocarse en un área enorme, mientras que un ajuste más bajo los hace sonar en un espacio mucho más pequeño.

Además, otros elementos vitales de la reverberación incluyen la amortiguación, el retardo previo y la reverberancia. La forma más sencilla de entender estos conceptos es imaginando el sonido que produces al cantar en un baño; notarás ese eco reflejado cuando hablas o cantas allí. Los ajustes de reverberación son extremadamente útiles si los usas estratégicamente en tus pistas, ya que hacen que las voces y los instrumentos suenen más profesionales y, además, mucho más llenos.

Al ajustar el tamaño de las salas de tus pistas, es crucial que ninguna de ellas esté exactamente al mismo nivel. Este consejo es especialmente útil cuando hay muchos instrumentos en tu mezcla. Por ejemplo, si el tamaño de sala de tu batería es del 60%, el de tu guitarra solista debería estar entre el 20% y el 30%. En cuanto a la reverberación del bajo y la guitarra rítmica, es recomendable que tengan un tamaño de sala similar al de la batería, ya que también son instrumentos rítmicos.

El tamaño de la sala para las voces es una decisión que deberás tomar tú mismo o, alternativamente, puede depender de las preferencias del cantante. No hay una norma estricta al respecto; sin embargo, el consenso es que, mientras todos los instrumentos puedan oírse de manera adecuada, estarás en el camino correcto.

Aparte de la reverberación, hay muchos efectos adicionales que puedes utilizar, como ecos, retardos, fundidos cruzados y cambios de tono. La implementación de estos efectos debe hacerse con criterio. El consejo más importante a recordar es que «nunca debes excederte ni abusar» de ellos.

El público, en general, apreciará mucho más si lo que oye suena natural. Cuantos más efectos se perciban en tu producción, mayor será la posibilidad de que se cuestionen tus habilidades como músico.

A menos que el artista con el que trabajas indique específicamente que se aplique un efecto de sonido en particular, es recomendable evitar los efectos excesivos. La verdadera belleza reside en la simplicidad, y este principio es sumamente aplicable en el arte de mezclar música.

Para simplificar el proceso de utilización de estos efectos de audio, es aconsejable recurrir a preajustes. En cualquier DAW que elijas utilizar, encontrarás una amplia variedad de ajustes predefinidos diseñados por ingenieros de audio expertos que vienen incluidos.

Al hacer clic en ellos y aplicarlos, tus pistas se asemejarán a las que podemos clasificar como «estándares de la industria». Utilizarlos contribuirá en gran medida a que tus pistas suenen «suficientemente bien». Si no es así, tendrás la oportunidad de hacer algunos ajustes hasta que suenen ideales para tus gustos.

Volver a comprobar y exportar

Una vez que hayas aplicado los pasos anteriores a todas tus pistas, es altamente recomendable que te apartes y dejes que suenen todas juntas. Si has estado trabajando con auriculares, siempre es preferible escuchar tu mezcla desde un altavoz grande mientras decides si deseas añadir más textura a tu música. La mayoría de los ingenieros de sonido recomiendan este enfoque porque, tras muchas horas de escucha con auriculares, es posible que algunos niveles y frecuencias suenen de manera diferente cuando se reproducen en un dispositivo de salida distinto (Fox, 2023).

Además, es fundamental que escuches tus pistas mezcladas repetidamente para asegurarte de que cada una esté al nivel ideal y de que ninguna quede enterrada en la mezcla. Si aún no estás satisfecho con el volumen o la suavidad de ciertas partes, es necesario que revises cualquiera de los pasos anteriores. En este proceso, es importante realizar solo pequeños ajustes para evitar comprometer los cambios que te resulten más agradables.

Una de las mejores técnicas para lograr esto es guardar diferentes versiones de tu proyecto con nombres de archivo distintivos. Por ejemplo, podrías llamarlo «salida experimental» para asegurarte de que la mezcla que consideras la mejor no se vea afectada por la experimentación intensiva.

Si estás seguro de que el sonido que escuchas es el que esperabas conseguir, será el momento de exportar todas tus pistas juntas como una única pista musical. Este proceso se puede realizar con solo pulsar un botón, que te pedirá que introduzcas detalles relevantes como el título de la canción, el nombre del álbum, el artista y otros datos importantes.

El archivo final puede ser MP3, WAV o cualquiera de los otros formatos de música mencionados en los capítulos anteriores. Como ya sabes que WAV es el tipo de mayor fidelidad, siempre debes exportar tu salida de audio final en ese formato.

Por último, es importante que seas consciente de que, mientras escuchas tu salida final durante las próximas horas o días, podrías experimentar algunas ideas creativas que te lleven a realizar cambios o retoques finales. En este sentido, es esencial recordar lo que Leonardo da Vinci dijo una vez: «El arte nunca se termina, solo se abandona». Debes estar abierto a la idea de que, aunque tu canción te parezca perfecta, siempre hay espacio para nuevas mejoras.

Pautas de masterización

A estas alturas, probablemente ya habrás escuchado docenas de veces tu resultado final, habrás revisado repetidamente tu mezcla y habrás hecho retoques adicionales para mejorarla un poco más. Ahora sientes que tu canción es realmente perfecta y está lista para ser enviada al mundo, para que el público y tus fans potenciales la incluyan en sus listas de reproducción junto a los otros artistas que tanto adoran.

Puede que pienses que tu canción está lista, pero tienes que pensártelo otra vez. En la creación de un álbum, o incluso en la producción de una sola canción, hay un proceso final que debe tener lugar: un proceso de masterización que garantice que tu producción musical cumple los estándares de calidad de la industria musical.

La masterización consiste principalmente en importar la pista final de tu canción a tu DAW y realizar ajustes adicionales en su ecualización. Así te aseguras de que los oyentes oigan lo que deben oír y de que no salgan elementos sonoros no deseados por los altavoces al reproducir tu canción.

La diferencia entre la mezcla y la masterización es que la primera te permite trabajar con varias pistas, mientras que la segunda sólo consiste en arreglar las irregularidades presentes en la pista única final. Mientras retocas el ecualizador para ajustar todas las frecuencias y hacerlo mejor, éstas son las directrices que debes tener en cuenta para asegurarte de que el proceso de masterización cumple realmente su propósito.

Las inflexiones vocales son suficientemente claras

Independientemente del género al que pertenezca tu música, las voces deben destacar sobre todas las demás pistas. Claro que hay partes en las que un instrumento debe sonar más alto que los demás, pero en su mayor parte, las palabras que salen de la boca del cantante deben ser muy claras. Si no, ¿qué sentido tiene escribir una canción?

Una de las razones más poderosas por las que una canción se hace tan popular es por el mensaje que transmite. Así que si las inflexiones vocales no son tan claras, significa que tu mezcla no está lo bastante pulida. Además del proceso de compresión por el que pasó tu pista vocal, también debe ejecutarse el equilibrio ideal de agudos y graves para darle la plenitud o nitidez que debe proyectar.

A medida que avanzas en tu proceso de masterización, es fundamental que comiences ajustando las frecuencias de las voces antes de afinar los demás elementos. Esto se debe a que el vocalista, conocido como el líder, debe destacar en la versión final de tu canción. La voz debe ser el elemento central, resaltando sobre el resto de los instrumentos y arreglos.

Todos los instrumentos se oyen con claridad

Esta es la razón principal por la que equilibrar el volumen es una de las tareas más complicadas del proceso de mezcla. Subir y bajar los niveles puede ser muy frustrante porque, aunque algunos instrumentos ya parezcan muy delgados en la mezcla, podrían seguir sonando más alto que las demás pistas.

En el proceso de masterización, tienes que identificar cuidadosamente qué pistas tienen que sonar más alto o más bajo en una parte concreta de una canción. Cuando tiene lugar un solo de guitarra, puede que necesites bajar el tono de las demás frecuencias para que no eclipsen ese solo. Cuando se pretende que destaque otro instrumento, puede que también quieras disminuir la intensidad de los demás.

Cuando todos los instrumentos tocan juntos, tienes que asegurarte de que los oídos de los oyentes puedan percibirlos realmente. Si un instrumento parece faltar, entonces hay algo que no funciona en tu mezcla, así que tienes que retocarlo con el ecualizador durante la masterización para que su presencia sea más perceptible. Si esto no funciona, tendrás que volver atrás y remezclar las pistas adecuadamente.

Suena bien en todo tipo de altavoces

Aquí es donde hay que recordarte que, al mezclar, tienes que escuchar tu trabajo con los auriculares y también desde un par de altavoces grandes. También debes intentar escuchar tu canción tanto desde dentro de la habitación como desde fuera de ella, si es posible.

También puedes probar a escuchar al volumen más alto posible mientras estás de pie fuera del edificio. Lo misterioso de mezclar música es que hay ciertas sutilezas y matices que no existen realmente mientras estás sentado frente al ordenador y mirando fijamente tu trabajo.

Pero cuando estás lejos de tu pantalla, hay elementos sonoros que puedes oír y que nunca esperaste que surgieran. Éste es uno de los dilemas más importantes que sufren incluso los ingenieros de sonido más experimentados. Tienes que aprender a adaptarte a ello.

Además, tienes que dejar que tu canción suene a través de los altavoces de dispositivos móviles como tabletas, ordenadores portátiles y teléfonos inteligentes. Tienes que reconocer que lo más probable es que la gran mayoría de tu público escuche tu canción en sus teléfonos. Si tu canción no suena bien en aparatos portátiles, entonces tenemos que decir que la música que haces no está en la forma ideal.

Para evitar que esto ocurra, tienes que practicar este ejercicio durante el propio proceso de mezcla. En los descansos, tienes que observar tu mezcla utilizando varios auriculares, altavoces de tamaño medio y esos sistemas de sonido de gran tamaño que se utilizan en los conciertos, si los tienes accesibles. Así te asegurarás de que, durante el proceso de masterización, contengan los elementos musicales necesarios para que suenen bien en todo tipo de altavoces.

Suena presentable cuando se reproduce con otras canciones

«Todo el mundo falla a la primera», dice el refrán. Por muy bien que hayas realizado tu mezcla, es posible que aún esté por debajo de las producciones populares que ya existen en el mercado. Como principiante, no hay nada de malo en fracasar en tu primer intento, o incluso en los que vengan después.

Siempre que hayas tomado en serio todas las lecciones anteriores, tu régimen de masterización debería permitirte, con unos pocos retoques adicionales, que tu canción suene igual de bien o, al menos, se acerque al nivel de aquellas que consideras las mejores.

El método más adecuado para lograr esto consiste en crear una lista de reproducción con algunas canciones que sirvan como referencias comparables a tu pista final. Incluye tu salida en la lista y escucha toda la reproducción para evaluar cuán diferente o similar es en relación a las demás. A partir de ahí, es posible que desees volver a masterizarla hasta alcanzar el «resultado totalmente pulido» que realmente esperabas.

En cualquier caso, si no estás satisfecho con tu pista final masterizada y sientes que podrías haberlo hecho mejor, entonces, debería por todos los medios regresar al proceso de mezcla. Como novato, tienes derecho a tomarte tu tiempo, y, para ser sincero, no existe un «plazo» real mientras estés en la fase de aprendizaje como productor musical.

Consejos para pulir el sonido

Mientras estás en el proceso de mezcla o masterización, quizá quieras considerar la aplicación de estos consejos adicionales para conseguir un sonido pulido y profesional.

Cortar en lugar de potenciar

El enfoque más básico para mejorar el audio de una pista sería subir su volumen. El problema de hacer esto en exceso es que podría enturbiar aún más tu mezcla. Un remedio alternativo que podría conducir al mismo resultado sería cortar otras pistas en lugar de aumentar la que quieres que destaque.

Esto podría hacer que el resultado global de toda la mezcla fuera mucho más limpio, porque las pistas no sonarían como si estuvieran intentando pisotearse unas a otras al tratar de destacar. Tienes que recordar que la verdadera belleza de una canción reside en que las pistas estén colocadas juntas de forma armoniosa.

De-essing

Al mejorar la claridad de una pista vocal, puedes empezar a observar que las sílabas que contienen «S» o «SH» se hacen demasiado evidentes. Esto se llama «sibilancia», y es uno de los problemas más recurrentes cuando se intenta hacer una buena mezcla de voces e instrumentación.

Puedes solucionarlo ajustando la gama de frecuencias de 5-10 kHz de tu pista vocal en el ecualizador (Sweetwater, 1997). En la masterización, nunca debes tocar ninguna frecuencia fuera de él porque podrías dañar las demás frecuencias de los otros instrumentos. Para que el proceso de *de-essing* sea mucho más fácil, puedes utilizar un *plugin* para tal fin. Puedes descargarlo gratuitamente u obtenerlo como complemento de la DAW que elijas.

Capas

Como novato, puede que te resulte difícil distinguir los sutiles cambios de configuración, sobre todo si trabajas demasiadas horas. Para que te resulte más fácil, puedes considerar el uso de la técnica de estratificación. Utilizada incluso por los ingenieros de sonido más experimentados, consiste en juntar pistas idénticas incrustando diferentes ajustes para cada una de ellas.

En tus voces, por ejemplo, puede que quieras tener dos o más pistas con distintos niveles de reverberación, graves y agudos. Una pista debería servirte como pista principal, y debe ser llana, cruda y aguda. Las otras contendrían los efectos de graves o reverberación. Así conseguirás un bonito efecto de coro.

Cuando las reproduzcas juntas, puedes ajustar su volumen hasta que obtengas los resultados que deseas. Aunque la estratificación es muy aplicable a las voces, no hay ninguna regla estricta que te prohíba aplicarla también a los instrumentos. Deberías probarlo.

Recorte suave o *soft-clipping*

Aunque el *clipping* es algo que siempre hay que evitar en la fase de grabación, hay un tipo de *clipping* que puedes probar en la salida final de tu pista. El *clipping* suave es un tipo de distorsión que se da en algunos sistemas de sonido analógicos. Esta técnica la utilizan algunos ingenieros de sonido para satisfacer las «guerras de volumen» que parecen ser muy evidentes en la escena musical actual. Básicamente, eleva el volumen general de la mezcla sin introducir nuevos picos ni recortes.

Ya en la década de 1940, se observó que los oyentes suelen ignorar las canciones que no tienen el volumen suficiente (Clark, 2019). Para hacer frente a esta situación, los ingenieros de sonido crearon el recorte suave para aumentar considerablemente los niveles de audio sin comprometer demasiado la calidad. Al igual que el *de-essing*, el *soft-clipping* se puede conseguir fácilmente utilizando *plugins* DAW. Si te preocupa que tu pista final no tenga el volumen de las canciones de éxito que adoras, también tienes que probarlo.

A medida que adquieras experiencia tanto en la mezcla como en la masterización, algunos músicos te contratarán para mejorar cada pista que compone sus canciones. También podrían contratarte para masterizar la pista final y dejarla lista para los oyentes. Independientemente de la tarea que te encarguen, tienes que estar preparado para ambas.

Este capítulo es lo más destacado de este libro, en el sentido de que es la lección más técnica y laboriosa. Es muy recomendable que revises y repitas los ejercicios de vez en cuando, hasta que tus habilidades de mezcla y masterización hayan alcanzado un nivel satisfactorio.

Capítulo 6:
Colaboración y promoción

Así que has escrito unas canciones cautivadoras, las has grabado y las has pulido a la perfección. ¡Felicitaciones! Puede que pienses que tu trabajo ha terminado; puede que creas que eso sería el final. Si eso es lo que tienes en mente, estás muy equivocado. El proceso de producir música y hacer de ella una grabación deseable es sólo una faceta de un proceso muy grande: es sólo un engranaje de una maquinaria compleja y enorme de la que has decidido formar parte.

Hay otro elemento vital que tienes que integrar, un elemento que es tan intrincado y meticuloso como los procedimientos por los que pasaste al grabar y refinar esas preciosas canciones que escribiste. Este elemento se llama promoción musical, e incluye aprender a hacer cuentas y a idear las estrategias adecuadas para que la gente no ignore las sinfonías que escribiste. Tienen que prestar atención, escuchar y digerir el producto artístico por el que tanto has trabajado.

Si te ha apasionado convertirte en un creador de éxitos estos últimos años, es probable que ya hayas comprendido que la industria musical no es la misma que hace unas décadas. Los métodos de promoción y distribución de la música han cambiado significativamente. Tienes que aprender cómo se publica la música moderna en la era digital. Si te niegas a adaptarte a esos cambios, tu fantasía de convertirte en el próximo superventas seguirá siendo lo que es: una fantasía.

Puede que la digitalización haya allanado el camino a grandes pérdidas económicas desde el punto de vista de las discográficas multimillonarias. Afortunadamente para gente como tú, la tecnología digital está aquí para salvar el día, y es el héroe definitivo que podría hacerte realmente rentable como músico o productor discográfico independiente.

¿Cómo y dónde debes distribuir tu música?

Ganarse la vida con la música es el sueño de todo músico. Aunque tener una mansión con un garaje lleno de coches deportivos caros puede ser demasiado descabellado, utilizar tu música para pagar las facturas parece más realista. El caso es que tampoco es demasiado imposible, siempre que distribuyas tu música en las plataformas adecuadas.

Entonces, ¿dónde puedes encontrar las plataformas adecuadas? Y lo que es más importante, ¿cómo puedes encontrar la ideal que se adapte perfectamente a la carrera musical que te propones? Esa plataforma es algo que esperas que te aporte ganancias monetarias que cambien tu vida, desde un punto de vista financiero, por así decirlo. La elección de esa plataforma debe hacerse bien, y aquí es donde debe entrar en juego una investigación en profundidad.

Atrás quedaron los días en que la gente iba a las tiendas de música y compraba cintas de casete, vinilos y CD. No hay duda de que publicar tu música en estos soportes es totalmente poco práctico, por no decir totalmente imprudente. Sin embargo, algunas estrellas del pop siguen vendiendo sus discos de esta forma. Pero a menos que ya hayas alcanzado el nivel de estrellato de Ed Sheeran o Taylor Swift, nunca debes pensar en publicar tu álbum en ninguno de esos formatos físicos.

Entonces, ¿cómo deberías publicar tu música? Para responder directamente a eso, las plataformas digitales son los mejores portales a los que recurrir. Hoy en día, son la mejor y única opción que una aspirante a estrella del pop como tú debería elegir. ¿Son fácilmente accesibles? Sí. ¿Tienen normas que deben seguirse estrictamente? Técnicamente, sí. ¿Son caras? Sorprendentemente, no.

Elegir la plataforma y el distribuidor

Para publicar tu música digitalmente, tienes que sopesar tus opciones cuidadosamente para poder elegir la plataforma o el distribuidor adecuados. Al hacerlo, tienes que preguntarte: ¿Quiero que mi música se presente sólo en formato sonoro? ¿O querría hacer también presentaciones en vídeo?

Dado que responder a la segunda pregunta entrañaría un nivel de dificultad totalmente nuevo, lo más seguro es que elijas la dirección de la primera pregunta. Dicho esto, publicar tus canciones a través de plataformas de *streaming* de audio debería ser la primera opción viable que un artista musical principiante como tú debería considerar seriamente.

Ya has pasado por el meticuloso proceso de grabar y masterizar tus canciones. Esto significa que estás a sólo unos pasos de lanzarlas al ciberespacio, para que la gente pueda consumirlas. A medida que tu carrera comience a ascender y obtengas unos ingresos decentes con ella, podrías considerar la posibilidad de publicar tu música en formato de vídeo, que es una gran lección aparte en sí misma que debe estudiarse en otro momento.

Ahora volvamos al tema principal, que es la elección de tu plataforma y distribuidor online. Seguro que buscas la mejor opción que existe, y si preguntáramos a los músicos online más rentables, responderían sin dudarlo que la mejor plataforma donde publicar tu música y ganar dinero online no es otra que Spotify.

Otras opciones igualmente buenas son Soundcloud, Pandora y Deezer. Pero como lo más probable es que tu objetivo sea la mejor plataforma posible donde puedas ser escuchado con el mayor alcance, Spotify debería ser la primera dirección a la que dirigirte (Pendlebury, 2022).

Sin embargo, una cosa que tienes que tener en cuenta es que, a diferencia de YouTube, donde puedes subir contenido sin más después de registrarte, en Spotify no puedes hacerlo directamente. Primero, tienes que elegir un distribuidor, darte de alta en él, pagar algunas cuotas, y entonce tu música se lanzará a docenas de tiendas de música online en la red. Sí, has leído bien: ¡docenas!

Entre los distribuidores más recomendables que pueden difundir tu álbum a montones de tiendas online están DistroKid, TuneCore, Stem y AWAL. En el momento de escribir este artículo, DistroKid parece ser la mejor para la mayoría de los músicos y artistas independientes online. Por tan sólo $20, puedes subir un número ilimitado de canciones durante todo un año.

Además de ofrecer servicios adicionales, como la optimización de los ajustes de volumen de tus canciones hasta alcanzar niveles ideales, DistroKid también distribuye tu música a 150 tiendas en línea. Asimismo, se encarga de recaudar los ingresos generados por todas estas plataformas y de distribuirlos entre tus compañeros de banda y colaboradores, todo gracias a la inversión de $20 que realizaste (Deviant Noise, 2023). Sin lugar a dudas, esta es una oferta que resulta irresistible.

Redes sociales y comunidades online: La nueva frontera de la promoción musical

Descubrir que lás distribuidoras online son muy baratas puede ser un gran alivio para ti, pero hay una triste verdad que debes saber: empresas como DistroKid y Tunecore no son responsables de promocionar tu música. Esto significa que sólo porque hayan publicado tu música en Spotify, Amazon y Apple Music, no es garantía de que millones de oyentes sigan tu música y te adoren como si fueras una especie de ser musical divino.

Lanzar tu música es una cosa; promocionarla, sin embargo, es otra historia. Aún tienes que hacer un trabajo mucho más duro, y eso incluye llegar a la gente a través de vías virtuales donde suelen congregarse. Y si preguntáramos por ahí, no hay mejor lugar para promocionar tu arte musical que el ámbito de las redes sociales.

Las redes sociales son una fuerza irresistible e imparable a la vez: no puedes ignorarlas ni evitarlas. Facebook, Twitter, Instagram y un montón de otras plataformas similares (muchas de las cuales probablemente ni siquiera hayas oído hablar todavía), están aquí para quedarse. Lo más probable es que su omnisciencia siga siendo muy prevalente en las próximas décadas, porque incluso a tus hijos o nietos, y tal vez a ti mismo, os ha costado mucho ignorar la adicción que ha infligido a la humanidad.

Dado que las redes sociales son el lugar de reunión digital por excelencia para personas de todas las edades en esta generación, sería totalmente imprudente no promocionar tu música en Facebook y similares. Afortunadamente, la publicidad en Facebook es sorprendentemente barata, incluso los músicos más pobres pueden permitírsela.

Por tan sólo $1 al día, podrías lanzar una campaña publicitaria que podría llegar a unos cuantos miles de espectadores, siempre que, por supuesto, el anuncio que hayas elaborado sea lo suficientemente atractivo (Paquette, 2020). En YouTube, también podrías seguir un enfoque similar con casi la misma cantidad.

Existen otras plataformas similares que pueden ofrecerte infinitas posibilidades de promoción. Pero si tu grupo está empezando y apenas tienes tiempo para comprobar y probar todas las plataformas de medios sociales, nunca te equivocarás con Facebook o Twitter. Para el *streaming* de vídeo, YouTube sigue siendo la mejor opción. Su alcance y popularidad entre los consumidores de contenidos de vídeo siguen siendo insuperables en este momento.

Lo que debes tener en cuenta a la hora de elaborar tu anuncio es que tiene que ser lo suficientemente pegadizo como para que la probabilidad de que sea ignorado o «desplazado hacia arriba» por los espectadores sea muy baja. La capacidad de atención de la gente es increíblemente corta hoy en día. Si haces un anuncio que tarda más de diez segundos en revelar realmente su mensaje, tienes que aceptar que los espectadores simplemente moverán sus pulgares para poder ver otros elementos visuales más interesantes.

Esto significa que tienes que crear anuncios lo suficientemente atractivos como para que sean difíciles de resistir para la mayoría de los espectadores. No puedes hacer esto simplemente publicando una o dos frases sobre una canción fantástica que has lanzado recientemente. Hay técnicas que tienes que aprender para hacerlo con eficacia.

Cómo elaborar tus anuncios en las redes sociales

Aunque este libro se centra principalmente en la creación de audio impresionante, es fundamental que te comprometas también a aprender a producir imágenes o vídeos de alta resolución. La razón por la cual debes dedicar tiempo a esta habilidad es que simplemente hablar sobre tu música en las plataformas de redes sociales—ya sea a través de tweets, hashtags o publicando poesía—no te llevará muy lejos. Es crucial que logres captar la atención de las personas mientras se desplazan por sus canales de noticias.

Para lograr esto de manera efectiva, necesitas crear elementos visuales cautivadores. Esto solo se puede alcanzar mediante la publicación de un póster digital, o mejor aún, un vídeo en alta definición que capture la esencia de tu nueva obra.

Si no cuentas con habilidades para diseñar carteles digitales, considera la opción de contratar a un artista gráfico. Si tienes amigos que se especializan en este campo, este sería el momento perfecto para recurrir a ellos. Por otro lado, si dispones de un presupuesto mayor, vale la pena invertir en un breve videoclip. En la actualidad, la gente prefiere los vídeos a las imágenes estáticas, lo que hará que tu anuncio sea significativamente más atractivo que el póster digital que tienes en mente.

Si odias la idea de gastar dinero en estos elementos visuales, entonces deberías plantearte aprender a hacerlos tú mismo. Si tu cerebro manejó el régimen intensivo de la producción musical, entonces aprender los fundamentos de la edición de vídeo y gráficos deberían ser lecciones que captarás con la misma facilidad.

Lo sorprendente de los vídeos y gráficos de alta resolución actuales es que puedes crearlos incluso sin instalar software adicional en tu ordenador. Para hacer tu cartel, puedes utilizar Canva, AdCreative o Visme. Puedes acceder a todos ellos en línea a través de tu navegador web.

Con sólo arrastrar y soltar, puedes crear un cartel digital presentable en cuestión de minutos. Para crear un anuncio de vídeo, puedes utilizar Adobe Spark, WeVideo y Flyr. Deberías comprender fácilmente cómo utilizarlos si eres lo suficientemente paciente y persistente (Csutoras, 2021).

Al crear tu cartel o video, es fundamental recordar que la clave está en la sencillez. Es importante que logres transmitir más con menos. Cuanto más simple sea tu anuncio, mejor será su impacto. Además de incluir el nombre del artista —que puedes ser tú o alguien más— también es esencial mencionar de manera directa el título del single exitoso y del álbum, así como los portales donde se puede escuchar o ver tu música.

Las pocas palabras que utilices no deben interferir con los gráficos, y viceversa. Para lograr un equilibrio adecuado, el truco consiste en elegir los esquemas de color correctos y ubicar los elementos en los ángulos y proporciones apropiados.

Aunque este tema podría fácilmente ocupar un libro entero, dado que deseas emprender este camino por tu cuenta, al menos deberías aprender los conceptos básicos para promocionar tu música de manera efectiva en las redes sociales.

Recorrer las comunidades online

La música continúa siendo la mejor afición compartida por personas de todas las edades y razas. Este hecho, indiscutible para muchos, garantiza que los grupos en redes sociales dedicados a la difusión musical se pueden encontrar fácilmente en Internet. A través de estos portales, puedes socializar y aprovechar beneficios ocultos mientras navegas. Entonces, ¿deberías comenzar a buscarlos y unirte a ellos para promocionar tu música de manera efectiva?

Sin embargo, aunque la agresividad puede ser un rasgo común entre los guerreros más feroces a lo largo de la historia, como creador musical apasionado, es importante que evites este enfoque, especialmente en el ámbito de las redes sociales y las comunidades en línea. Antes de empezar a copiar y pegar información sobre dónde pueden las personas escuchar tu música o acceder a tus servicios, hay algunas medidas de precaución que deberías adoptar.

En primer lugar, es fundamental aportar valor a tus compañeros internautas. Al unirte a grupos de música en plataformas como Facebook, intenta ser amable y ofrecer información que pueda ayudar a los demás a resolver sus problemas. Después, puedes realizar un marketing sutil de tu música o de los servicios que ofreces.

Siguiendo esta estrategia, evitarás convertirte en alguien que se aprovecha de los demás. No querrás que nadie se acerque a ti para venderte productos que no sean de utilidad. De la misma manera, debes asegurarte de no hacer lo mismo.

Es esencial que aprendas esto de antemano, ya que en redes sociales como Facebook podrías ser expulsado de una comunidad o incluso de la plataforma completa si te identifican como *spammer*. Publicar repetidamente los mismos comentarios, sobre todo si te diriges a personas que no son tus amigos, puede llevarte a ser expulsado en cuestión de minutos (Skaf, 2014). Como alguien que se toma su carrera musical muy en serio, es un recordatorio que debes tener presente en todo momento.

Crea primero tu propia comunidad

Antes de salir a molestar a los demás en las redes sociales, lo mejor sería crear tu propia página o grupo e invitar a algunos de tus amigos a unirse. Luego puedes pedirles que inviten a sus amigos mientras encuentras nuevos miembros con intereses similares. Sólo entonces podrías empezar a atraer a otras personas de páginas similares y empezar a convencerlas para que te ayuden a propagar tu carrera de producción musical.

A medida que tu página crezca, también crecerá tu comerciabilidad como productor musical, lo que te allanará el camino para encontrar clientes que te paguen por tus servicios. Del mismo modo, también podrás encontrar personas a las que contratar cuando necesites subcontratar algunos proyectos.

Al hacer crecer tu página, no se trata simplemente de publicar fotos al azar o de compartir pies de foto que te parezcan divertidos. En lugar de parecer que presumes de lo que tienes, un enfoque mucho más sensato consiste en compartir información que pueda ayudar a otros a avanzar en sus carreras personales o a enfrentar las dificultades que puedan encontrar.

A medida que vayas dominando esta estrategia, es posible que descubras con el tiempo que ampliar tu alcance no solo implica ir hacia las personas, sino también hacer que ellas vengan a ti. Aunque seguirás necesitando visitar otras páginas y conectar con sus miembros y administradores, no tendrás que hacerlo con tanta frecuencia, ya que habrás crecido lo suficiente como para que la comunidad de esas otras páginas ya haya oído hablar de ti.

Recuerda que ofrecer información valiosa es lo que impulsa a las personas a buscarte. Cuanto más valor obtengan de ti, más se aferrarán a tu contenido y hablarán de tu grandeza. Sin duda, esta táctica es una estrategia de marketing en sí misma: estás promoviendo tus habilidades y servicios sin que parezca que estás vendiendo nada en absoluto.

Expándete sólo a través de otras comunidades similares

Al promocionar tu música y los servicios relacionados que ofreces, es fundamental adoptar un enfoque dirigido. Debes entender que los negocios más rentables suelen vender sus productos exclusivamente a quienes realmente los desean. Por lo tanto, para promocionar tu música de manera efectiva, es esencial que encuentres páginas de redes sociales que se centren específicamente en el tipo de música que produces.

Por ejemplo, si decides promocionar una canción de hip-hop en una página dedicada al heavy metal, es muy probable que enfrentes comentarios negativos de manera brutal. De igual manera, promocionar tus canciones de heavy metal en espacios virtuales donde se congregan fans de Sinatra y Pavarotti no sería una estrategia inteligente. Así que, antes de comenzar a publicar promociones de tus producciones musicales, asegúrate de hacer tu investigación y averiguar qué páginas se alinean mejor con tus preferencias.

Es cierto que hay numerosos grupos en redes sociales que aceptan publicaciones de todos los géneros musicales. Sin embargo, es importante destacar que, mientras algunos pueden ser muy estrictos en sus políticas, otros te acogerán con los brazos abiertos. Simplemente, asegúrate de cumplir con sus directrices comunitarias al publicar fotos, enlaces y cualquier otra información destinada a atraer a la gente a tu propia página.

Debes tener en cuenta que algunos administradores de páginas pueden verte como un competidor, lo que podría llevarlos a abstenerse de aceptarte o incluso a prohibirte regresar a su página. Esta es una de las realidades difíciles que debes enfrentar al promocionar tu material en las redes sociales.

En Facebook, una ventaja útil es que, a medida que navegues por páginas similares a la tuya, descubrirás más comunidades musicales. Con el tiempo, conectar con otros grupos musicales debería ser mucho más sencillo.

Si consideras que tus habilidades han alcanzado un nivel empresarial, ampliar tu alcance en redes sociales más allá de Facebook también podría ser un gran paso. En este sentido, LinkedIn es una plataforma que merece tu atención. Diseñada con un enfoque empresarial, LinkedIn se centra en el mundo de los negocios y el empleo.

Al crear un perfil en LinkedIn, no solo estás estableciendo tu presencia profesional, sino que también estás creando una cartera en línea donde puedes publicar contenidos como artículos, videotutoriales o seminarios web. Estas son vías rentables que puedes explorar mientras amplías tus oportunidades de generación de ingresos como productor musical.

Además, LinkedIn alberga diversas comunidades formadas por personas con distintos intereses, incluidas aquellas con inclinaciones musicales. Unirte a estas comunidades no es complicado, aunque puede ser necesario que conectes con sus administradores de manera muy profesional.

En resumen, convertirse en un productor musical competente en la actualidad implica pensar y actuar como un empresario. Hablando de negocios, este es un tema que abordaremos en la siguiente sección.

Comprender el aspecto empresarial de la producción musical

Hacer música y cobrar generosamente por ello: no hay vida más feliz para un músico ni mejor medio de vida para un intérprete. Como artistas puros de corazón, no soñamos con otra cosa que no sea expresar nuestras obras de arte ante el público, recibir aplausos y ser recompensados por el duro trabajo que realizamos. ¿Qué magnífico modo de vida sería si, como creadores musicales, no hiciéramos nada más que esto a diario?

Por muy emocionante que fuera, las cosas no suelen funcionar así. La producción musical, así como todo el ámbito de la industria musical, es un negocio gigantesco. Por mucho que gritemos: «¡Todo gira en torno a la música!» o «¡La expresión artística es el fondo de todo!», un enfoque tan simplista no siempre es aplicable en el mundo real.

Puedes odiar esa verdad o expresar tu grave disgusto por ella, pero es un hecho irrefutable. Es comprensible que odies admitir que el mundo de la música gira en torno al dinero. Lamentablemente, tienes que aceptar que es la verdad.

Dinero y Pasión: El delicado equilibrio

Lo más probable es que tengas unas ganas intensas de quejarte y lloriquear por ese título. En lugar de quejarte por ello, ¿no sería más sensato que recurrieras a algunas estrategias que te beneficien? Puesto que la industria musical consiste en gran medida en obtener beneficios económicos, al menos para la mayoría de la gente, ¿por qué no podemos idear una serie de tácticas que canalicen parte de ese dinero en nuestra dirección?

Pero quizá no te interese ganar mucho dinero, ya que lo único que te importa es que se escuche tu música. De acuerdo. Pero tienes que aceptar que, para hacer que la gente la escuche, tienes que llevar la música a los oídos adecuados, y eso requiere dinero.

Así que, por muy doloroso y decepcionante que te resulte, más vale que lo aceptes. Dado que la industria de la música necesita mucho dinero para seguir funcionando, tienes que recaudar lo suficiente para poder hacer llegar tu música a tu público.

La razón por la que algunas estrellas del pop se hicieron increíblemente ricas y famosas es porque su música se colocó en plataformas donde mucha gente podía oírla y verla. Sin los poderes promocionales de dichas plataformas, no existirían los Beatles, Elvis Presley, Michael Jackson o cualquier otro icono musical famoso que se te ocurra.

Partiendo de esta idea, como creador musical apasionado, debes aceptar la realidad de que necesitas ganar dinero y recaudar fondos para poder pagar las estrategias de promoción en las redes sociales mencionadas anteriormente y los gastos de procesamiento necesarios para publicar tu música en plataformas de transmisión de audio. Además, no te olvides de todos los demás equipos que necesitas comprar para convertirte en un prolífico productor musical.

Es un medio de vida serio al que intentas dirigirte, algo que esperas que se convierta en tu principal trabajo diario que pueda proporcionarte sustento. Naturalmente, semejante empresa no es gratuita ni barata. Hay formas de hacerlo menos costoso, pero sólo tienes que reconocer de antemano que esta carrera que intentas construir tiene un precio.

Marketing por familiaridad

Así pues, la producción musical es un negocio, y necesitas dinero para propagar tu música. ¿Qué debes hacer entonces? Existe un enfoque directo, y también un enfoque sutil. Puedes hacer ambas cosas, o puedes hacer sólo una, preferiblemente la primera mencionada. El enfoque directo consiste en actuar en directo o mediante *streaming* de vídeo.

Ser directo también implica ofrecer tu música a las personas de manera directa. Esto significa vender tu musicalidad o la versión grabada de tus composiciones. Sin embargo, ser eficaz en este aspecto requiere que pienses y actúes como un vendedor: debes convencer a la audiencia de que vale la pena pagar por tu música.

¿Cómo logras esto? Es bastante sencillo: necesitas hacer que tu música sea lo más atractiva posible para los oyentes. Una vez que consigas esto, la gente comenzará a escucharte, compartirá tus canciones y atraerá a más oyentes, lo que podría traducirse en un significativo ingreso económico. Aunque el dinero no sea tu principal motivación, es innegable que lo necesitas para promocionar tu música ante un público más amplio.

Entonces, ¿cómo puedes hacer que tu música resulte más atractiva? En capítulos anteriores, ya aprendimos a producir música que la gente desearía escuchar. Si has estado prestando atención, deberías ser más que capaz de crear grabaciones de calidad. Sin embargo, hay otro elemento que necesitas incorporar, y este se logra únicamente a través del poder de la familiaridad.

En el ámbito del entretenimiento, la familiaridad es crucial, especialmente en la industria musical. Seguramente te has preguntado por qué una canción brillantemente elaborada no logra hacerse popular, mientras que una melodía mediocre con letras poco inspiradoras se convierte en un fenómeno mundial. Esto se debe al efecto hipnotizador de la familiaridad. Esa melodía poco atractiva, al ser escuchada repetidamente y difundida en diversas plataformas, se vuelve irresistiblemente familiar. Aunque la canción tenga un nivel artístico muy bajo, su constante reproducción llega a los oídos de las masas, convirtiéndola misteriosamente en algo atractivo para todos (Ward et al., 2013).

Por mucho que critiques el hecho de que tu canción no tenga la misma popularidad que ese pegajoso himno, la realidad es que a la gente le encanta esa canción porque, como dice el refrán, «es familiar para millones». Esto deja en claro que, al implementar los métodos promocionales que has aprendido hasta ahora, necesitas inversión para dar a conocer tu música. ¿La razón? La familiaridad.

No puedes establecerte como un creador de éxitos si la gente no está familiarizada con tus melodías. Si deseas que esto suceda, es esencial que consigas financiamiento para promocionar tu trabajo y hacer que tus canciones sean irresistiblemente familiares. No hay mejor forma de convencer a las personas de que su inversión vale la pena, además de la buena música que produces, por supuesto.

Ya sea que prefieras actuar en directo o que te limites a vender tu música a través de plataformas en línea, una cosa es segura: debes demostrar que eres atractivo para el público. Por mucho que sientas pasión por lo que haces, no podrás sostenerte en el tiempo sin el apoyo económico necesario para seguir adelante. Detrás del éxito de todo músico famoso existe un mecanismo empresarial que opera en segundo plano. Acepta esta realidad o ignórala, pero si eres sincero sobre tus objetivos profesionales, debes optar por la primera opción.

Creación de contenidos: Algo a tener en cuenta como productor musical

Vayamos directamente al grano: se trata de bloguear, vloguear o cualquier tipo de creación de contenido en línea. ¿Por qué deberías tener esto en cuenta? Porque muchos músicos lo hacen y han obtenido grandes beneficios económicos, además de las oportunidades que les brinda la música que escuchamos y las actuaciones en directo que realizan.

La razón por la que tanto el vlogging como el blogging son inversiones que realmente merecen tu tiempo y recursos es que, además de utilizar estas plataformas para promocionar tu trabajo, también puedes generar ingresos a través de la publicidad y el marketing de afiliación.

Probablemente hayas visto a numerosos músicos que se presentan en YouTube como creadores de contenido. Aunque a primera vista puedan parecer personas simplemente entusiastas de enseñar, lo que en realidad están haciendo es vender sus propios productos y servicios, así como los de otras empresas.

Mientras imparten lecciones relacionadas con la música, seguramente escucharás referencias a determinados productos, como instrumentos musicales, equipos de sonido y diversas herramientas digitales que la audiencia podría adquirir mediante los enlaces de afiliados que incluyen en las descripciones de sus vídeos.

Como artista musical apasionado, puede que la idea de vender no te agrade. Sin embargo, adoptar una mentalidad empresarial es crucial, ya que vivir de la música es un sueño que has estado persiguiendo durante mucho tiempo.

Si posees habilidades de escritura o simplemente te entusiasma la idea de que la gente lea sobre tus conocimientos y experiencias, deberías considerar crear un blog que narre tu viaje en la producción musical. Por otro lado, si prefieres no escribir pero te gustaría aparecer en un vídeo para compartir tus habilidades y secretos musicales, entonces el vlogging es el camino más adecuado para ti.

Aunque muchos vloggers profesionales utilizan costosos equipos de vídeo, no necesitas una gran inversión para comenzar a vloguear. De hecho, puedes iniciar simplemente con tu teléfono, incluso si solo tienes conocimientos básicos de videografía.

Lo único que necesitas para convertirte en un excelente vlogger son unos conocimientos básicos de videografía y grabación de sonido, habilidades que, seguramente, ya dominas. La mayoría de los YouTubers más exitosos comenzaron de esta manera, así que si sigues sus pasos, el éxito como vlogger podría estar al alcance de tu mano.

Además, el podcasting es otra opción que merece ser considerada. Si no disfrutas de la escritura y te resulta difícil aparecer en un vídeo mientras explicas algo, ¿qué te parece grabar tu voz para que la gente pueda escucharla, al igual que lo hace con tus canciones?

El podcasting se ha convertido en uno de los pasatiempos más populares entre aquellos que desean aprender algo mientras conducen, hacen ejercicio o realizan tareas domésticas. Es una vía muy lucrativa para los creadores de contenido en línea, y para promocionar tus habilidades y servicios musicales, la versión digital de la radiodifusión es definitivamente un campo que deberías explorar (Polner, 2022).

Otras formas de generar ingresos

Si no te interesa ninguno de los consejos para ganar dinero mencionados anteriormente, no te preocupes; aún hay otras formas de ganar. Si la creación de contenidos no es lo tuyo, puedes plantearte vender productos relacionados con la música. Hay dos formas ideales de hacerlo: montando tu propia tienda online o utilizando tu propia página en las redes sociales para vender productos a tus miembros y visitantes.

Aunque te parezca demasiado técnico, crear una tienda online no es realmente tan difícil como crees. Con plataformas como Shopify, WooCommerce y Wix, puedes estar totalmente preparado para vender en pocas horas, siempre que hayas cumplido ciertos requisitos (Glover, 2019).

Si esto te parece demasiado engorroso, vender a través de tu página de Facebook puede ser un poco más cómodo. Con las funciones del Marketplace de Facebook, puedes empezar a vender de inmediato. Por supuesto, esto requiere mucho esfuerzo, ya que vender es un arte que debes dominar para ser realmente eficaz.

¿Qué productos deberías vender? Dado que trabajas con artistas musicales, lo ideal sería vender sus productos. Camisetas, toallas, pulseras y CD y DVD con su música serían las mejores apuestas.

Si odias el mero acto de vender, entonces deberías desechar estas ideas por completo. Aun así, estas ideas deben incluirse porque tienen que estar aquí. Aunque no estén realmente relacionadas con la producción musical en un sentido directo, son cruciales para alguien que desee ser rentable en la industria musical. Debes ser conocedor de que este camino que estás emprendiendo tiene un lado empresarial. Debes participar en él para poder salir adelante con el paso de los años.

Colaborar con otros músicos y productores

Si pides algunos consejos de éxito a personas con mucho éxito en cualquier campo que se te ocurra, la mayoría de ellas seguramente te ofrecerán consejos sobre cómo construir tu red de contactos. De esto trata la siguiente lección. Para convertirte en una entidad musical rentable, tienes que aprender a convertirte en una persona sociable.

Ya hemos reconocido que esta industria en la que te has metido es un negocio. En esta sección, vamos a educarnos sobre cómo trabajar en tándem con otros artistas y productores musicales. Ningún negocio prosperará si no se compra, se vende y se colabora, y por esa razón, esta próxima reflexión debería importarte.

Por muy religiosamente que asimiles las lecciones que has aprendido hasta ahora, no servirán de nada si no puedes dominar el arte de la colaboración. Así que haz todo lo posible por tomar notas de lo que vas a aprender. Pero no hace falta que te lo tomes al pie de la letra; una nota mental de lo siguiente estará totalmente bien.

Prioriza al arte sobre el dinero

Las personas más competentes en el campo de la música se consideran artistas, ni más ni menos.

Aunque muchos de ellos también pueden ser excepcionales haciendo otras cosas, dan prioridad a su arte sobre cualquier otra cosa. Con suerte, cobran cantidades ingentes gracias a sus habilidades, pero les llevó un tiempo alcanzar ese nivel de rentabilidad. Antes de convertirse en sensaciones nacionales o mundiales, no eran nadie, como tú y como yo.

Con el paso de los días y los años, mientras dominaban su oficio, alcanzaron el nivel de notoriedad del que ahora disfrutan. Se les considera figuras de gran valor en el mercado debido a la fama que alcanzaron, y la razón de ello se debe a un intenso trabajo duro, dedicación y toneladas de disciplina.

Sí, no todas las estrellas del pop tienen un talento excepcional. Muchas están sobrevaloradas. También las hay que sólo se hicieron famosas por su buen aspecto. Pero los artistas musicales de esta categoría sólo tuvieron suerte en su haber. ¿Estás dispuesto a jugarte el éxito esperando la oportunidad de tener suerte? Aunque es cierto que algunos artistas sólo se hicieron famosos por un golpe de suerte, no podemos negar que hay muchos otros que alcanzaron el éxito gracias a un trabajo duro sin parangón.

El arte, en su nivel más impecable, nunca puede alcanzarse sin un esfuerzo intenso. Así que, si te empeñas en tu objetivo de convertirte en un productor musical comercializable, céntrate primero en ser un artista excepcional. La gente del mundo musical empezará a fijarse en ti enseguida. Para entonces, no tendrás que acercarte a ellos para pedirles trabajo; ¡ellos vendrán a ti y te pedirán que trabajes con ellos!

Conecta con personas que compartan la misma visión

Si preguntamos a cualquier persona de éxito cómo construir una red efectiva, seguramente se extenderá sobre la importancia de relacionarse con individuos afines que compartan la misma visión. Al igual que al elegir a tu pareja, debes acercarte a músicos que sean emocional y mentalmente compatibles contigo, trabajando juntos hacia objetivos comunes.

Por supuesto, la dinámica no es exactamente como en un matrimonio, donde estarás comprometido de por vida. Sin embargo, es fundamental recordar que trabajar en un proyecto puede consumir semanas o incluso meses de tu valioso tiempo. Por ello, es esencial hacer una investigación previa y evaluar cómo sería colaborar con determinados músicos, así como la facilidad o dificultad de llevarse bien con ellos.

Además de considerar la compatibilidad, es vital que te hagas otra pregunta: ¿comparten la misma visión? ¿Están dispuestos a avanzar en la dirección que tú, como artista, deseas? Dado que tu pasión por la música es profunda, lo ideal es rodearte de personas igualmente entusiastas. Si esos músicos son tan apasionados como tú, es probable que también tengan objetivos firmes y no estén dispuestos a comprometerse.

Para poner esto en perspectiva, recuerda que tu música es una forma de arte. Deseas que tus resultados reflejen tu reputación. ¿Estarías dispuesto a participar en proyectos que pudieran empañar tu credibilidad? Si tu motivación principal es el dinero, podrías inclinarte a decir que sí. Sin embargo, como ya has reconocido la importancia de priorizar el arte al construir tus conexiones, es crucial que mantengas principios sólidos que te permitan rechazar colaboraciones con personas que podrían perjudicar el buen nombre que tanto te ha costado establecer.

Así que, cuando decidas colaborar con otros, haz todo lo posible por identificar a aquellos que compartan tu visión. No hay nada más gratificante que alcanzar las recompensas económicas que te propones mientras trabajas en un entorno fluido y armonioso. Un ambiente así no solo será divertido, sino también emocionalmente enriquecedor. ¿Quién podría decir que no a eso?

Responsabilízate y hazte valer

Pertenecer a una gran industria como la musical implica hacerse con una parte significativa del todo. Dinero, fama y poder son, sin duda, elementos clave de este vasto sector en el que actualmente trabajamos. No hay nada de malo en desear obtener tu parte justa de esos tres aspectos; siempre y cuando no abuses de ellos, ni los utilices en exceso, y que no pisotees a nadie en el proceso. Al actuar de esta manera, simplemente estarás buscando la justicia en tus propios términos.

En este contexto, hablamos de asumir tu rol como colaborador musical, lo que también implica cargar con una parte del trabajo. En cualquier fuerza laboral, ya sea en el ámbito musical o en otros sectores, hay muchas personas que desean grandes recompensas monetarias, pero que evitan el trabajo duro cuando surge la necesidad. Sin embargo, el éxito de un proyecto no se alcanzará si los trabajadores adoptan esta mentalidad.

¿Estarías dispuesto a colaborar con personas así? Si has comprendido bien este consejo, es fundamental evitar trabajar con quienes no estén dispuestos a avanzar hacia tus objetivos, así como aquellos que no asuman las tareas que les corresponden. Del mismo modo, también debes cumplir con tu parte, aportando el máximo nivel de sinceridad.

El éxito en cualquier acuerdo empresarial solo se logra cuando las tareas están bien asignadas y todas las partes interesadas contribuyen con la fuerza y los recursos requeridos. Debes aportar los tuyos de la manera más efectiva en todo momento, ya que no hacerlo debilitaría la red que intentas construir, lo cual sería completamente perjudicial para el negocio.

Ejecuta la verdadera esencia de la lealtad

Muchos negocios se basan en las relaciones. Aunque estas no siempre sean del tipo romántico o afectuoso, las buenas relaciones constituyen las tuercas y tornillos cruciales que mantienen en marcha los negocios multimillonarios. Sin ellas, las ruedas y los engranajes que impulsan el funcionamiento empresarial dejarían de operar, y la rentabilidad que observamos no se habría materializado.

Uno de los elementos más vitales en cualquier buena relación es la lealtad. Si deseas considerarte un buen hombre de negocios, es fundamental que seas leal a quienes lo merecen, de manera que ellos te retribuyan con el mismo nivel de lealtad que demuestras hacia los demás. Es cierto que algunos empresarios pueden abandonarte fácilmente si ya no puedes satisfacer sus intereses. Sin embargo, si realmente reflexionas sobre esto, ¿acaso no harías lo mismo?

Dado que entendemos que conectar con personas que comparten nuestra visión es esencial para el éxito, debemos reconocer que permanecer con alguien que no aporta nada a nuestras actividades resulta ser una pérdida de tiempo. Por lo tanto, no podemos culpar a quienes nos evitan si no les somos útiles de ninguna manera.

Lo que intentamos comunicar es que la lealtad debe ser recíproca y depender tanto de tus necesidades como de las de los demás, así como de los objetivos que persigues. En el ámbito empresarial, la lealtad debe tener un precio y ofrecerse en circunstancias determinadas. Siempre que comprendas estas lecciones, es poco probable que fracases en la ejecución de la lealtad de la manera más justa posible.

Conclusión

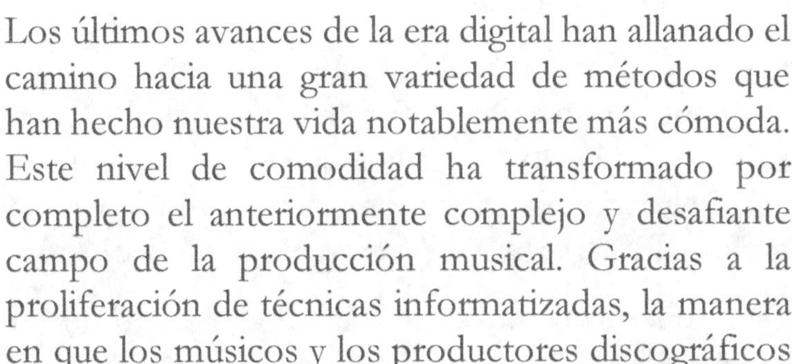

Los últimos avances de la era digital han allanado el camino hacia una gran variedad de métodos que han hecho nuestra vida notablemente más cómoda. Este nivel de comodidad ha transformado por completo el anteriormente complejo y desafiante campo de la producción musical. Gracias a la proliferación de técnicas informatizadas, la manera en que los músicos y los productores discográficos crean y distribuyen música ha revolucionado la industria.

Así, han quedado atrás los días en que los entusiastas de la música necesitaban invertir en equipos enormes y costosos o esperar la aprobación de adinerados ejecutivos del sector musical. Hoy en día, con un presupuesto modesto y un poco de determinación, cualquiera puede adentrarse en el vasto y en constante expansión reino de la música moderna, que se vuelve más dinámica y atractiva con cada día que pasa.

De hecho, muchas de las estrellas del pop más exitosas de la actualidad son músicos *«artesanales»* que producen su música en casa, dentro de sus propios estudios, ubicados a menudo en sus dormitorios. Equipados con una computadora y un equipo de audio accesible, pueden grabar sus temas, mezclar su música y publicar sus futuros éxitos de manera independiente.

Incluso sin la ayuda de grandes discográficas, sus canciones alcanzan las ondas radiales y se difunden en el ciberespacio. A medida que este fenómeno se ha vuelto común, muchos jóvenes músicos han reclamado su parte en esta emocionante revolución.

Dado que estos músicos de la era digital producen música desde la comodidad de sus hogares, tú también has reunido todo el material didáctico disponible para ayudarte a alcanzar el éxito que tanto anhelas. Por lo tanto, has tenido la oportunidad de adquirir este libro y aprender de sus lecciones sencillas y completas.

Como productor musical independiente que trabaja desde casa, es esencial que adquieras ciertas habilidades y perfecciones tus conocimientos. Entre ellos, aprender a manejar una estación de trabajo de audio digital (DAW) es crucial para que la música que creas pueda reproducirse electrónicamente y darle forma con precisión mediante tus herramientas digitales.

Además, es fundamental que entrenes tu oído para discernir cómo modificar un sonido o frecuencia particular, logrando que suene impresionante cuando se mezcla con otros elementos de audio. En este proceso, comprenderás que el equilibrio y la armonía deben mantenerse en todo momento para que una canción se escuche en su forma más hermosa.

Sin embargo, después de dominar las habilidades necesarias para crear música cautivadora, te das cuenta de que este aprendizaje no es el final. Encontrarás que existe un aspecto empresarial en la producción musical y que es necesario adaptarte a las realidades que lo rigen.

Aunque para la mayoría de los músicos el dinero no suele ser una preocupación primordial, como alguien que aspira a vivir de la música, reconoces que debes comprometerte y encontrar maneras de generar ingresos para que tus habilidades de producción musical, que ahora consideras un medio de vida, puedan prosperar a lo largo del tiempo.

Para que tu negocio crezca, es esencial colaborar con otras personas que compartan intereses similares. Si bien tratar con ellas puede implicar hacer tareas que no siempre disfrutas, comprendes que son necesarias debido a tu ardiente pasión por triunfar en la industria musical.

Asimismo, las tácticas de promoción son parte de lo que debes aprender y aplicar en tu carrera musical. Dado que Internet sigue siendo un ámbito en constante expansión, hay innumerables vías que debes explorar para llevar tus creaciones musicales a una amplia audiencia.

A medida que avanzas en esta nueva carrera, es importante que consideres que tanto el campo de la producción musical como el de la industria musical en su conjunto experimentarán cambios significativos en las próximas décadas. Aunque las técnicas y habilidades que has aprendido sean los estándares actuales de la industria, en unos años podrían quedar obsoletas.

Por lo tanto, debes esforzarte al máximo por mantenerte competitivo. Los mejores en el sector tienen una sed insaciable de aprender algo nuevo, y tú, como productor musical «recién nombrado caballero», no deberías pensar de manera diferente. También es crucial que adquieras esta mentalidad.

Siempre habrá herramientas fascinantes sobre las que aprender y nuevos mecanismos digitales que podrás aplicar a tus esfuerzos musicales. Mantente dispuesto a explorar nuevas metodologías, nunca dejes de colaborar con otros amantes de la música, trabaja con pasión y, lo más importante, NUNCA DEJES DE APRENDER.

Glosario

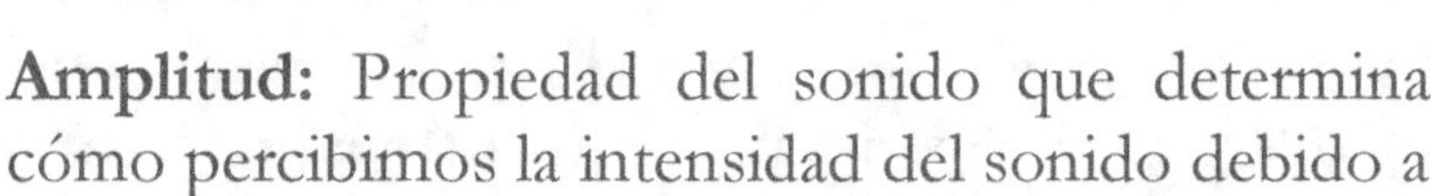

Amplitud: Propiedad del sonido que determina cómo percibimos la intensidad del sonido debido a la transmisión relativa de las ondas sonoras.

Analógico: Corriente de ondas sonoras continuas que pueden interpretarse como señales electrónicas y transformarse en un determinado tipo de información. También se denomina lo contrario de digital.

Cabina vocal: Pequeño cubículo donde los cantantes pueden aislarse y cantar libremente lejos del ruido de fondo.

***Clipping* de audio (Recorte de audio):** Distorsión de la forma de onda que resulta de una amplificación excesiva de la señal de una pista de audio.

CPU (*Central Processing Unit*): El chip procesador principal de un ordenador. También puede definirse como el cerebro del ordenador.

DAW (*Digital Audio Workspace*): Aplicación informática que actúa como una versión digital de un estudio de grabación.

Decibelio (dB): Unidad para medir la intensidad relativa del sonido.

Difusor de sonido: Aislante utilizado en los estudios de grabación que puede reducir la intensidad del sonido reflejado.

DIY (*Do It Yourself*): Término utilizado para el método general de arreglos, pasatiempos y tutoriales que podría hacer cualquier persona sin ayuda de nadie.

Ecualizador (EQ): Dispositivo de filtrado de audio que puede realzar frecuencias aislándolas. Actualmente, todos los programas de música digital incluyen ecualizadores virtuales como componente integrado.

FLAC (*Free Lossless Audio Codec*): Un tipo de archivo de audio de código abierto que no pierde calidad ni siquiera tras la compresión. Es similar al MP3.

Forma de onda: Representación gráfica de una onda sonora. También es la representación de lo fuerte o débil que es un clip de audio grabado cuando se muestra en una pantalla digital.

GB (Gigabyte): Unidad estándar utilizada en digitalización para medir la capacidad de almacenamiento de archivos.

GHz (Gigahercio): La unidad estándar utilizada en digitalización para medir la transferencia de datos y la velocidad general de procesamiento.

Instrumento virtual: Representación virtual de un instrumento musical en un sistema informático.

Interfaz de audio: Dispositivo diseñado para convertir las señales de sonido procedentes de instrumentos musicales y micrófonos en un formato digital que pueda ser reproducido por un ordenador.

Interfaz de software: Componente de las aplicaciones informáticas que permite a los usuarios humanos interactuar con un sistema informático.

Metrónomo: Herramienta de ensayo utilizada por los músicos para tocar con precisión mediante tiempos constantes o pulsaciones rítmicas.

MIDI (*Musical Instrument Digital Interface*): Interfaz informática que permite procesar digitalmente la música analógica. En la actualidad es un término general para cualquier tipo de música que pueda elaborarse dentro de un sistema informático.

MP4A (*Mpeg Layer 4 Audio*): Un formato de sonido muy similar al MP3, pero con un mayor nivel de velocidad de bits y calidad general.

Percusiones: Instrumentos que se pueden tocar golpeando y percutiendo, como tambores, gongs, platillos, etc.

Plugin: Extensión de software que añade más funcionalidades a un programa anfitrión existente.

Preamplificador: Amplificador de audio que mejora una señal electrónica débil sin comprometer la calidad del sonido.

RAM (*Random Access Memory*): Una placa de circuitos con chips de memoria que almacenan datos temporalmente. Es uno de los componentes vitales que determina la velocidad a la que un ordenador puede procesar datos.

Sintetizador: Instrumento musical digital, como un teclado, que puede simular diversos sonidos electrónicos durante una sesión de grabación.

VST (*Virtual Studio Technology*): Término genérico para la tecnología de software que engloba las DAW y las VSTI en general.

Referencias

Adobe. (2023). Best audio format file types | Adobe. Www.adobe.com. https://www.adobe.com/creativecloud/video/discover/best-audio-format.html

Audiosorcerer. (2022, December 12). What Is Audio Clipping And Is It Always A Bad Thing? Audio Sorcerer. https://www.audiosorcerer.com/post/what-is-audio-clipping

AWAL. (2019, April 30). Decoded: The History of Record Deals. AWAL. https://www.awal.com/blog/history-of-record-deals/

Butler, S. (2022, June 23). 6 Best Apps to Auto-Tune Your Voice. Online Tech Tips. https://www.online-tech-tips.com/software-reviews/6-best-apps-to-auto-tune-your-voice/

Buzzsprout. (2022, March 6). How to Use the Compressor in Audacity. Buzz Sprout. https://www.buzzsprout.com/blog/how-to-use-compressor-in-audacity

Christian, R. (2022, September 7). CPU vs. RAM: Understanding the Differences. Computer History. https://history-computer.com/cpu-vs-ram/

Clark, B. (2019, October 29). The Loudness War Explained. Musician Wave. https://www.musicianwave.com/the-loudness-war/

Csutoras, B. (2021, July 23). 25 Essential Social Media Marketing Apps for Your Smartphone. Search Engine Journal. https://www.searchenginejournal.com/social-media-marketing-smartphone-apps/257547/

Deviant Noise. (2023, January). Distrokid Review. Deviant Noise. https://deviantnoise.com/music-business/distrokid-review/

Dixon, D. (2019, January 15). What Is the Difference Between Mixing and Mastering? IZotope. https://www.izotope.com/en/learn/what-is-the-difference-between-mixing-and-mastering.html

Fox, Arthur. (2023, March 19). Why Mixing Engineers Use Multiple Pairs Of Studio Monitors. My New Microphone. https://mynewmicrophone.com/why-mixing-engineers-use-multiple-pairs-of-studio-monitors/

Glover, J. (2019, May 28). How to Build an Online Store 2019 | 9 Easy Steps to Start Selling Online. Best Website Builder Reviews for 2019. https://www.websitebuilderexpert.com/building-online-stores/

Grushecky, J. (2022, October 7). Why You Should Record Drums First: The Foundation Of Your Track—grushecky.com. Www.grushecky.com. https://www.grushecky.com/why-you-should-record-drums-first-the-foundation-of-your-track/

Huff, S. (2021, May 7). How To Choose A DAW That Works For You (4 Critical Tips). Producer Hive. https://producerhive.com/buyer-guides/daw/how-to-choose-a-daw/

Lendino, J. (2022, April 6). Audacity Review. PCMAG. https://www.pcmag.com/reviews/audacity

Madden, E. (2019, February 27). From Cher to Bon Iver, via T-Pain, Britney Spears and Kanye West, this is the history of Auto-Tune in seven songs. Red Bull. https://www.redbull.com/us-en/history-of-auto-tune-in-seven-songs

MasterClass. (2022, September 3). Music 101: What Is a Metronome in Music? Learn How to Use a Metronome in 4 Steps. Master Class. https://www.masterclass.com/articles/music-101-what-is-a-metronome-in-music-learn-how-to-use-a-metronome-in-4-steps

McAllister, M. (2021, August 29). The Best Cheap DIY Vocal Booth Options. Produce like a Pro. https://producelikeapro.com/blog/best-inexpensive-diy-vocal-booth/

National Park Service. (2018, July 3). Understanding Sound - Natural Sounds (U.S. National Park Service). Www.nps.gov. https://www.nps.gov/subjects/sound/understandingsound.htm

Paquette, R. (2020, October 23). How much should I spend on Facebook ads? The Revealbot Blog.

https://revealbot.com/blog/how-much-should-i-spend-on-facebook-ads/

Pastukhov, D. (2019, January 7). Soundcharts | Market Intelligence for the Music Industry. Soundcharts.com. https://soundcharts.com/blog/mechanics-of-the-music-industry

Pendlebury, T. (2022, December 6). Spotify Review: Still the Best Music Streaming Service. CNET; CNET. https://www.cnet.com/tech/services-and-software/spotify-review-still-the-best-music-streaming-service/

Polner, M. (2022, June 9). How To Start A Podcast And Make Money In 2022. Forbes Advisor. https://www.forbes.com/advisor/business/how-to-start-a-podcast/

Raieli, S. (2023, February 1). Google's MusicLM: from text description to music. Medium. https://towardsdatascience.com/googles-musiclm-from-text-description-to-music-23794ab6955c

Rogerson, B. (2023, February 3). Best DAWs 2023: the best digital audio workstations for PC and Mac. Music Radar. https://www.musicradar.com/news/the-best-daws-the-best-music-production-software-for-pc-and-mac

Science Learn Hub. (2019, September 12). Sound–Visualising Sound Waves. Science Learning Hub. https://www.sciencelearn.org.nz/resources/2814-sound-visualising-sound-waves

Sgalbazzini, M. (2021, February 1). Why Do You Love "Boring, Repetitive" Electronic Music? 6AM.

https://www.6amgroup.com/why-do-you-love-boring-repetitive-electronic-music/

Skaf, E. (2014, December 17). 10 Tips to Avoid Facebook Jail or Being Blocked by Facebook. Postcron - Social Media Marketing Blog and Digital Marketing Blog. https://postcron.com/en/blog/how-to-avoid-being-blocked-by-facebook-jail/

Stewart, D. (2021). Technical GRAMMY Award: Ikutaro Kakehashi And Dave Smith. Grammy.com. https://www.grammy.com/news/technical-grammy-award-ikutaro-kakehashi-and-dave-smith

Sweetwater. (1997, September 10). Sibilance. InSync. https://www.sweetwater.com/insync/sibilance/

Truss, S., & Corfield, C. (2021, February 4). The 9 best budget audio interfaces 2022: start recording today for less than \$120/£110. MusicRadar. https://www.musicradar.com/news/best-budget-audio-interfaces

Ward, M. K., Goodman, J. K., & Irwin, J. R. (2013). The same old song: The power of familiarity in music choice. Marketing Letters, 25(1), 1–11. https://doi.org/10.1007/s11002-013-9238-1